어린이의 다섯 가지 중대한 질문

Das Recht des Kindes auf Religion by Friedrich Schweitzer
© Chr. Kaiser/Gütersloher Verlagshaus, Gütersloh 2000
This translation is published by arrangement with Gütersloher Verlagshaus.
Korean translation copyright © 2008 by Shanti Books

이 책의 한국어판 저작권은 저작권자와 독점 계약한 샨티에 있습니다. 신저작권법에 의해 한국 내에서 보호를 받는 저작물이므로 무단 전재와 무단 복제를 금합니다.

어린이의 다섯 가지 중대한 질문

2008년 10월 1일 초판 1쇄 발행. 2022년 3월 28일 초판 4쇄 발행. 프리드리히 슈바이처가 쓰고, 손성현이 옮겼습니다. 도서출판 샨티에서 이홍용과 박정은이 펴내고, 양인숙이 편집을, '새와 나무'가 표지 및 본문 디자인을 하였으며, 이강혜가 마케팅을 합니다. 인쇄 및 제본은 상지사에서 하였습니다. 출판사 등록일 및 등록번호는 2003. 2. 6. 제2017-000092호이고, 주소는 서울시 은평구 은평로3길 34-2, 전화는 (02) 3143-6360, 팩스는 (02) 6455-6367, 이메일은 shantibooks@naver.com입니다. 이 책의 ISBN은 978-89-91075-49-8 03200이고, 정가는 11,000원입니다.

이 도서의 국립중앙도서관 출판시도서목록(CIP)은 e-CIP홈페이지(http://www.nl.go.kr/ecip)와 국가자료공동목록시스템(http://www.nl.go.kr/kolisnet)에서 이용하실 수 있습니다.(CIP제어번호: CIP2012000555)

아이와 나누는 종교적 대화

어린이의 다섯 가지 중대한 질문

프리드리히 슈바이처 지음 | 손성현 옮김

【산티】

차례

한국의 독자들에게 _ 7

들어가며 _ 11

첫 번째 이야기
어린이에게 종교가 필요한가

이 세상의 비밀과 마주한 어린이들 _ 19

어린이에게 필요한 것과 필요하지 않은 것 _ 39

성장하는 어린이의 다섯 가지 중대한 질문 _ 46

종교 교육이 어린이의 자아 형성을 방해하는가 _ 66

그렇다면 어떤 종교인가 _ 86

두 번째 이야기
어른으로서 느끼는 어려움

과거의 부정적인 경험 _ 103

종교 교육의 현실에서 맞부딪히는 혼란스러움 _ 115

어린이의 자기 결정 권리와 종교 권리 _ 121

교육과 가정의 변화, 그리고 새로운 기회 _ 133

세 번째 이야기
어린이와 함께 경험하고 고민하는 삶

어린이의 권리와 종교 교육의 실천 _ 145

어린이 철학과 어린이 신학 _ 154

어린이를 위한 성경 이야기 _ 173

어린이와 기도하기 _ 191

어린이에게 필요한 교회 _ 209

전망 : 어린이의 권리와 종교 권리 _ 224

감사의 말 _ 236
옮긴이의 말 _ 237

한국의 독자들에게

"어린이는 우리의 미래다!" 이 말은 자녀를 둔 부모들에게 아주 구체적인 의미로 다가옵니다. 하지만 우리 사회 전체를 염두에 둘 때도 의미가 있는 말입니다. 한 사회의 미래는 언제나 다음 세대에게 의존하고 있기 때문입니다. 그러므로 어린이는 우리의 특별한 관심과 돌봄의 대상입니다.

하지만 어린이는 그 이상입니다. 어린이는 자기만의 존엄성을 지닌 인간입니다. 따라서 어린이를 인정하고 존중하는 것이 마땅합니다. 과거에는 어린이가 어른보다 못하다거나 어린이의 의견을 어른의 의견처럼 진지하게 생각할 필요는 없다고 여길 때가 많았습니다. 그러다 차츰 그것이 잘못된 생각이며, 더 이상 정당화될 수 없는 주장이란 것을 알게 되었지요. "어린이에게도 독자적인 권리가 있다. 그 권리를 사회적으로 보장해 주어야 한다"는 주장은 바로 그러한 깨달음을 반영한 것입니다.

어린이의 권리를 위한 노력은 바야흐로 전 세계적인 운동이 되었고, 그 운동은 20세기 내내 지속되었습니다. 1989년 유엔은 드디어 '어린이인권협약'을 의결하고 이를 통해 어린이의 권리가 보장받을 수 있도록 했습니다. 1989년 '어린이인권협약'은 역사에 한 획을 긋는 중요한 사건이었습니다. 그로 인해 실제로 여러 가지 긍정적인 변화가 가능해진 것은 사실이지만 아직도 개선해 나아가야 할 문제가 많습니다. 어린이는 언제나 우리의 각별한 관심과 돌봄을 필요로 하고 있습니다. 또한 우리는 세대 간의 대화라는 측면에서 어린이를 우리의 대화 파트너로 인정해 줘야 합니다. 어린이를 또는 어린 시절을 충분히 인정해 주려는 노력이 전 세계 사람들을 하나로 묶어주고 있습니다.

안타깝게도 어린이의 종교 권리는 온당한 관심의 대상이 되지 못하고 있습니다. 1989년 '어린이인권협약'이 어린이에게 종교의 자유를 보장하고 있고(14조항), 어린이의 영적인 발전을 허용하는 삶의 수준을 보장해 준 것(27조항)도 사실입니다. 하지만 어린이가 종교적 발달에 꼭 필요한 지원과 보조를 받아야 한다는 점이 충분히 고려되지 못했습니다. 그렇기 때문에 우리가 이 목표를 위해 힘을 모으는 것은 아주 중요한 일입니다. 어린이를 제대로 이해하려 한다면, 어린이의 삶 가운데 어느 한 영역을 그냥 생략

할 수는 없으니까요. 어린이의 삶은 종교의 영역을 포함하고 있습니다. 종교는 삶의 총체적 방향과 관계됩니다. 어린이가 삶 속에서 어떤 방향을 선택하느냐는 문제는 그 누구도 가볍게 지나칠 수 있는 문제가 아닙니다.

매일의 일상 속에서 우리 모두가 느끼고 있는 것처럼, 현대의 소비 문화는 인간의 초월적 욕구를 잠식하고 아예 그런 욕구를 매장시킬 기세입니다. 기술과 경제 발달은 사회 전반의 급속한 변화를 야기했고, 이런 변화는 깊고 웅혼한 문화적·종교적 전통 앞에서도 전혀 존경심을 표하지 않습니다. 이런 상황은 아시아나 유럽이나 마찬가지인 듯합니다. 이러한 변화 속에서 어린이와 청소년은 소비와 소유보다 깊은 의미가 있는 가치에 대한 방향 감각을 잃어버리기 쉽습니다. 이것 때문에라도 어린이의 종교 권리를 위해 힘을 모으는 것은 뜻있는 일입니다. 모든 어린이는 자기의 삶에 방향성을 부여해 줄 수 있는 가치관 및 전통과 만날 권리가 있으니까요.

어린이 권리 보장 운동은 처음부터 국제적인 운동이었습니다. 어린이의 종교 권리를 위한 노력도 세계적인 관심사입니다. 그런 이유에서 저는 한국의 독자들도 이 책을 읽게 된 것을 기쁘게 생각합니다. 세계화의 결과로 수많은 문제가 개별 국가의 차원에서는 해결될 수 없게 되었습니다.

끝으로 이 책은 저에게 독일과 한국의 각별한 연대감의 징표입니다. 두 나라는 지정학적으로 아주 멀리 떨어져 있지만 많은 공통점이 있는 나라입니다. 10여 년 전, 제가 한국을 방문했을 때 분단된 나라의 현실을 놓고 나누었던 대화를 지금도 생생하게 기억합니다. 한국 분들이 저에게 베풀어주신 넘치도록 융숭한 대접도 잊을 수 없습니다. 독일과 한국, 두 나라 사이에는 오래 전부터 특별한 연대의 전통이 있습니다. 교회와 신학의 영역도 마찬가지입니다. 그 전통을 이어가는 일에 저도 기꺼이 함께하려 합니다.

제가 처음 한국을 찾았을 때 송순재 교수(감리교신학대학교)를 알게 되었는데, 그분과는 그때부터 지금까지 중요한 학문적 교류 관계를 유지하고 있습니다. 그분을 통해서 이 책의 옮긴이이자 나의 제자인 손성현 군을 알게 된 것입니다. 섬세하고 끈기 있게 이 책의 번역을 맡아준 그에게 이 자리를 빌려 감사를 표하고 싶습니다. 이 책을 만들어 주신 도서출판 샨티에게도 감사의 뜻을 전합니다.

이 작은 책을 통해 어린이에게 종교의 권리와 종교적 동반의 권리가 있다는 깨달음이 널리 퍼지고, 그로써 어린이의 온전한 성장을 돕는 데 기여할 수 있다면 제게 그보다 고마운 일은 없을 것입니다.

2008년 가을, 독일 튀빙엔
프리드리히 슈바이처

들어가며

왜 이 책을 쓰게 되었는가

어린이에게는 종교의 권리와 종교 교육의 권리가 있다. 그것이 이 책의 핵심 주장이다. 이 주장을 아주 당연하게 생각하는 부모나 교사, 교육학자도 있을 것이다. 하지만 과연 종교가 어린이의 권리냐 아니냐를 진지하게 고민하게끔 만드는 요인에 대해서 생각해 본 이들은 많지 않을 것이다. 그 몇 가지 요인을 미리 짚어보는 게 좋겠다.

첫째, 종교 혹은 종교 교육이 오히려 어린이의 온전한 발달에 장애가 된다는 주장이 최근 들어 공공연히 제기되고 있다. 틸만 모저Tilmann Moser의 《하나님 중독》이나 다그마 셰르프Dagmaar

Scherf의 《사랑의 하나님은 모든 걸 보신다》와 같은 베스트셀러가 대표적인 예다. 한마디로 종교가 어린이에게 정말 도움이 되는지, 아니면 해악을 끼치는지 도무지 모르겠다는 입장이다.

둘째, 과거 20~30년 사이에 교육의 이상에 대한 사람들의 생각이 완전히 달라졌다. 명령과 복종의 교육에서 벗어나 대화를 통해 합의점을 찾아가는 교육이 대세가 되었다. 이제 교육은 철저하게 어린이의 자유와 자발적인 결정을 존중해야 한다. 매우 바람직한 변화라 하지 않을 수 없다.

하지만 이런 변화 속에서 종교 교육의 자리는 어디인가? 어린이가 어떤 신앙을 선택하느냐는 전적으로 어린이 자신에게 달린 일이므로 이제 종교 교육은 없어도 그만 아닌가? 아니, 어린이가 자기 종교를 직접 골라야 한다면 그것은 오히려 어린이에게 과도한 부담 아닌가? 제대로 한 번 배워보지도 못한 것을 어린이 앞에 놓고, 이것을 가질 건지 말 건지 결정하라고 하면 도대체 그 어린이는 어떤 결정을 내려야 하는가?

셋째, 국가가 주도하는 무신론 교육을 받았던 구동독 지역에서는 지금도 그리스도교 인구가 20~30퍼센트에 불과하다. 교회와 무관하게 사는 어린이들을 한번 생각해 보자. 그 어린이들의 성장에 종교와 신앙은 무의미한 것인가? 그 어린이들에게 "특정한 영향력을 행사하지 말자"는 취지하에 일체의 종교 교육을 포기하는 것이 바람직한가?

넷째, 독일의 교육학은 종교 교육에 대해서 아주 유보적인 태도를 취하고 있다. 대부분의 교육학자들이 종교는 철저하게 '사적인 영역'에 속한다는 견해를 밝히고 있는데, 개인의 취향에 대해서 학문적으로 이렇다 저렇다 말할 수 없는 것처럼 종교에 대해서도 교육학적인 판단을 내리기가 어렵다는 것이다. 그래서 어린이 교육 관련 서적들을 보면 종교에 관한 얘기는 아예 나오지 않는다. 이것은 진정한 교육의 실천이라고 볼 수 없고, 어린이에게도 전혀 도움이 되지 않는다. 어린이에게 도움이 되는 교육을 추구하는 사람이라면 종교 교육의 문제를 침묵으로 방치할 수 없다.

지금까지 열거한 사회 변화의 흐름이 우리에게 비판적인 성찰을 요구하고 있다. 이제는 어린이에게 종교의 권리가 있는지 없는지, 종교가 어린이의 교육 전반에 어떤 의미가 있는지 곰곰이 따져볼 때가 되었다.

한편, 종교 교육의 새로운 가능성을 보여주는 일련의 움직임들도 눈에 띈다.

첫째, 교육의 성과를 사회적인 성공 여부에 따라 저울질하는 세태는 여전하지만, 그래도 우리의 삶을 화려한 경력과 출세로 규정하는 것에 반대하는 사람들도 늘어나고 있다. 우리네 삶에서 돈 문제를 완전히 배제할 수는 없지만, 삶의 의미를 발견하는 것 역시 중요한 일이다. 그것을 깨달은 사람이라면, 아니 그것을 뼈저리게 체험해 본 사람이라면 어린이들이 갖고 있는 '큰' 물음에도 관심을 기울이지 않을 수 없을 것이다.

둘째, 부모나 교사 중에는 어린이에게 교회의 가르침을 그대로 전하는 데 만족하지 않는 사람들이 있다. 그 가운데는 스스로 확실한 그리스도인이라고 생각하는 사람도 있고 그저 신앙과 종교, 삶의 의미와 가치에 관심이 많은 사람도 있다. 어쨌든 이 사람들은 외적인 가르침보다는 자기의 주체적인 결정을 중요시하고 스스로 뭔가를 추구하는 길을 가려고 한다. 이런 어른들은 어린이에게도 자유롭고 인격적인 종교 교육이 필요하다는 문제의식을 가지고 있다. 종교 교육을 어린이의 권리로 파악하고 그 관점에서 종교 교육을 전개하는 것은 이들에게 매우 중요한 일이다.

마지막으로, 어린이를 대하는 어른들의 자세가 달라져야 한다는 목소리가 여기저기서 강하게 들려오고 있다. 어린이들에게 허황된 꿈과 환상으로 이루어진 어린이 세상을 떠벌리는 매체들에 대해 비판하는 목소리도 들려온다. 어린이를 '보호'한다는 명목으로 사실은 어른을 보호하고 있는 경우가 허다하다. 죽음에 대한 물음을 예로 들어보자. 어른들은 가급적 죽음이라는 주제를 피하고 싶어하는데 아이들은 어떤 식으로든 누군가의 죽음과 마주하게 된다. 어른들이 죽음에 대해 침묵하는 것은 아이들을 배려해서가 아니라 자신들이 겪을 난처함 때문이다. 병에 대한 물음도 그렇고 사랑하는 사람과의 이별, 고통, 외로움에 대한 물음도 마찬가지다.

누구를 위해서 이 책을 썼는가

이 책은 일차적으로 부모와 교사를 위한 것이지만, 유치원이나 그 밖의 아동 시설에서 일하는 사람들, 나아가 이 시대를 살고 있는 모든 이들을 향한 것이기도 하다. 또한 이 책은 모든 교육(학)의 기초가 되는 주제를 다루고 있다. 그렇기에 지금부터 이 책에서 이야기하는 내용들은 일반 교육학의 영역에서 종교 교육을 위한 새로운 성찰을 불러일으킬 수 있다.

이 책의 핵심 주장들은 여러 부모님들과 현장에서 일하는 교사들과의 대화를 통해 형성된 것들이다. 그 중 일부는 유치원 종교 교육을 위한 새로운 모델을 구상하는 과정에서 얻은 통찰과 연관이 있는데, 몇 년 전 우리가 펴낸 《어린이에게는 희망이 필요하다―유치원 일상 속에서 만나는 종교》라는 책이 바로 그 결과물이다.[1]

이 책은 스스로의 신앙에 확신이 있는 부모나 교사만을 위한 것이 아니다. 그리스도교 신앙을 위해서는 종교 교육이 꼭 필요하다는 말은 맞지만, 종교 교육이 그리스도교 신앙에만 국한되는 것은 아니다. 어린이에게는 종교의 권리가 있다. 그러므로 이 책은 어린이의 종교 권리와 종교 교육을 고민하는 모든 부모, 또 모든 교육자를 위한 것이다.

또한 이 책은 특정 종교의 입장을 넘어 훨씬 광범위한 영역, 즉 어린이의 권리를 위한 협정(어린이인권협약), 혹은 어린이의 다양한 권리를 인정하기 위한 사회적인 움직임들까지 포괄한다. 특히 이 부분에 대해서는 이 책의 마지막에서 자세히 다룰 것이다.

책의 구성

이 책은 세 파트로 구성되어 있는데, 이는 세 가지 관점을 의미한다. 첫 번째 파트에서는 '어린이'에게 초점을 맞추고 어린이의 종교 권리, 종교 교육의 권리에 집중해 이야기를 풀어갈 것이다.

두 번째 파트는 '어른'과 관련된 부분으로 어린이의 종교 권리에 대한 깨달음을 교육에 구체적으로 반영해야 할 부모와 교사에 대한 이야기를 할 것이다. 어린이의 종교 권리가 제대로 이해되고 실현되기 위해서 우리는 어른들의 상황 속에 주어지는 기회를 알아차리고 그 가능성을 면밀히 따져볼 필요가 있다.

이런 일의 성공 여부는 결국 실천에 달려 있다. 그래서 이 책의 마지막 파트에서는 '새로운 실천의 밑그림'을 그리려고 한다. 그렇다고 교육 문제와 관련된 대중적인 책들에서처럼 매우 실용적인 제안을 되풀이하려는 것은 결코 아니다. 종교를 어린이의 권리로 파악하고, 그 권리에서 파생되는 실천의 고리들이 어떤 것인지 묻고 또 물으면서 어린이에게 가장 알맞은 종교 교육, 어린이와의 동행을 도모하려는 것이다.

첫 번째 이야기

어린이에게 종교가 필요한가

사회적 통념에 따라 어린이에게 필요한 것을 상정하고, 그것에 맞춰 교육을 집중시키는 것만으로는 어린이의 올바른 성장을 위해 충분한 해답을 제시할 수 없다. 바로 이런 맥락에서 "어린이에게 종교가 필요한가?"라는 물음이 특별한 의미를 갖는다. 이 물음은 일반적으로 사회과학이 제공하는 가치 기준과는 전혀 다른 생각의 지평, 물음과 느낌과 추구의 지평이 존재함을 분명하게 보여준다.

이 세상의 비밀과 마주한 어린이들

어린이의 세계와 비밀

어린이에게 비밀이 뭐냐고 물으면 이렇게 대답한다. "말하면 안 되는 거" "말하고 싶지 않은 거예요!" 이 때 중요한 것은 자신이 한 일, 저지른 일을 엄마, 아빠나 선생님이 눈치 채지 못하게 하는 것이다. 비밀이 탄로 나면 '집안이 시끄러워질' 테니까. 여기서 비밀이란 한마디로 어른들에게 일러바치면 안 되는 것을 말한다. 하지만 그런 비밀과는 또 다른 차원의 비밀이 있다. 레나테 발렌틴Renate Valentin은 그것을 '예쁜 비밀'이라고 부른다.[1]

엄마, 아빠의 통제에서 살짝 벗어나 있는 비밀인데, 그런 비밀이라면 위험할 것도 없고 금지할 것도 없다. 어린이들은 비밀의

샛길을 찾아내거나 함정을 파놓거나 조그만 굴을 발견한다. 벽지에 구멍이 뚫린 것도 알고 있다. 어느 누구도 모르는 놀이를 만들어 놀기도 한다. 여섯 살 안야Anja가 바로 그런 비밀을 갖고 있다.

"나도 비밀이 하나 있거든요. 우리는 전에…… 스페인에 있었어요. 그때 살던 집에 아주 조그만 구멍이 하나 있었는데 거기 쥐가 한 마리 있었어요. 그래서 내가 하얀 종이로…… 구멍을 막았어요. 근데 내가 거기 가잖아요? 그러면 종이를 다시 떼어요."

이런 '예쁜 비밀'은 어린이가 직접 찾아내고 경험하는 것, 어린이의 세계를 풍요롭게 해주는 것들이다. 그 세계에는 비밀스러운 길, 숨기 좋은 곳, 구멍 등이 있고 그 비밀의 영역에서 동화와 꿈의 세계가 펼쳐지기도 한다. 이것이 '예쁜 비밀'이다.

뛰어난 신학자이자 교육학자인 프리드리히 슐라이어마허 Friedrich Schleiermacher가 이미 200년 전에 말한 것처럼 "인간과 이 세상의 관계 속에는 무한과 이어지는 어떤 통로, 탁 트인 조망"이 있다.[2] 그러므로 이 세상은 그 자체로 완결된 실체가 아니라고 말할 수 있을 것이다. 이 세상에는 '창문'이 있다. 이 세상 너머에 있는 것을 들여다볼 수 있게 하는 창문 말이다. 이런 의미에서 우리는 이 '세상의 비밀'에 대해 말한다.[3] 이 세상을 하나씩 알아가면서 어린이들은 상당히 일찍부터 이런 창문과 마주한다. 벽지 뒤의 비밀스러운 공간을 알게 된 안야에게 생긴 변화가 다른 어린이들에게도 찾아올 것이다. 어린이들은 창문 저편에 펼쳐지는 제2의 세상을 느끼고 기대감에 부푼다. 그 세상은 아이들이 지금 살고 있는 첫 번째 세상보다 훨씬 흥미진진한 세상이다.

슐라이어마허는 이런 '조망' 혹은 '창문'이 어린이의 올바른 교육을 위해 얼마나 중요한지 처음으로 일깨워준 선각자 가운데 한 사람이다. 그는 인간이 조망을 '틀어막고' 창문을 '폐쇄할 수'도 있다는 사실을 그 당시에 이미 예리하게 꿰뚫어보았다.

오늘날 어린이의 세계는 규격에 맞춰 대량 생산된 장난감, 텔레비전, 컴퓨터 애니메이션 등으로 빼곡히 메워졌다. 결국에는 어린이들이 그 창문들과 더 이상 마주하지 않게 되리라는 것은 불 보듯 뻔한 일이 아닌가. 조망이 틀어 막히고 창문이 폐쇄된 시대에 어린이가 과연 어디에서 그런 창문을 발견할 수 있을지 곰곰이 생각해 볼 필요가 있다. 또한 이것은 어른들의 문제이기도 하다는 것이 벌써 명백하게 드러났다. 그런 창문이 우리 어른들의 눈에는 보이는가? 그 창문을 통해서 어른들은 무엇을 보는가?

어린이의 세계 안에 있는 창문

위에서 말한 것처럼 우리는 이 세상과 관계를 맺고 살아가면서 이 세상 너머의 세상을 보게 해주는 창문들을 만난다. 친숙했던 세상이 낯설어지고, 평소에는 전혀 생각지 않던 삶의 심층적 차원이 갑자기 드러나는 만남, 그런 특별한 체험 말이다. 그 창문과 한번 맞닥뜨린 사람은 이 세상이 우리 손으로 마음껏 주무르거나 붙잡을 수 없는 것임을 불현듯 깨닫는다. 이 세상은 귀로 들리는 것, 눈으로 보이는 것을 훨씬 뛰어넘는 실재이다.

어린이는 어디서 그런 경험을 할까? 이 세상은 어떤 지점에서 어린이에게 거대한 물음표가 되는가? 나는 지금부터 '세 개의 창문'에 대해서 말하려고 한다. 모든 어린이가 한 번쯤은 이 창문들을 지나가게 될 것이다.

첫 번째 창문은 어린이가 거기에 대해 진지하게 생각하거나 물음을 던지기도 전에 만나는 창문이다. 어린이는 태어나자마자 어른과의 관계 속에 들어와 좋건 싫건 간에 어른의 관심과 사랑에 의존한다. 엄마와 아빠, 혹은 부모 대신 양육을 맡은 사람들이 신뢰할 만한 존재로 느껴지면 어린이는 건강한 발달 단계를 밟는다. 하지만 그런 신뢰 관계를 상실한 어린이에게는 여러 가지 문제가 나타난다. 제대로 살아갈 수가 없는 것이다. 예컨대 전쟁중 부모를 잃은 아이들은 사랑으로 자신을 보살펴주는 사람이 없기 때문에, 바로 그 이유 때문에 죽음에 쉽게 노출된다. 과거 전쟁고아들을 돌보던 여러 보호 시설에서 거듭 확인된 사실처럼, 어린이들은 아무리 훌륭한 의료 혜택을 받고 육체적으로 필요한 것들을 충분히 제공받아도 목숨을 이어가지 못할 때가 많다.

　어린이가 편안하게 기댈 수 있는 세상, 어린이를 보호하고 어린이에게 필요한 것을 채워주는 세상은 영양 많은 음식이나 따뜻한 옷만으로 이루어지는 게 아니다. 어린이는 사랑받을 때, 그리고 사랑받기 때문에 살아갈 수가 있다. 이것은 어린이에게 사느냐 죽느냐의 문제이다. 일차적으로는 부모의 사랑이 전적으로 필요하고, 시간이 지남에 따라 교사나 그 밖의 많은 사람들의 애정 어린 관심이 필수적이다. 이러한 관심과 사랑에 대한 응답으로 형성되는 것이 바로 '신뢰'이다. 이것을 일단 심리학적으로 해석해 볼 수 있다. 에릭 에릭슨Erik H. Erikson 같은 심리학자는 '근본적 신뢰'와 '근본적 불신'의 긴장 관계에 대해 말한다.[4]

　이 개념에 이미 암시되어 있는 것처럼, 어린이의 신뢰는 실제로 부모나 다른 어른들이 약속할 수 있는 것의 영역을 넘어서 있다. 여기서 신뢰는 무조건적인 신뢰, 이 세상이 신뢰할 만한 곳인지에 대한 신뢰다. 이 세상이 신뢰할 만한 곳인지는 그 누구도 보장할 수 없다. 그러므로 이 신뢰에 대한 물음은 하나님에 대한 물음을 암시한다. 비록 어린이가 아직은 제 입으로 직접 그 물음을 던지지는 않는다 할지라도 여기에는 하나님에 대한 물음이 내포되어 있다. '이 세상에 내가 무조건 신뢰할 수 있는 사랑이 정말 있는 걸까? 그런 사랑은 없는 걸까?' 어린이들이 처음부터 의식적으로 이 질문을 던지는 것은 아니다. 그럼에도 이 물음은 모든 어린이의 경험 속에 이미 잠재되어 있다. 세월이 흘러 청소년이 되면, 아니 어쩌면 그 전에 이미 그런 질문을 던지게 되어 있다. 신뢰와 희망, 사람에 대한 믿음, 궁극적으로는 이 세계에 대한 믿음이 삶의 첫 시작부터 중요한 역할을 한다. 이것을 나는 모든 어린이들이 마주하게 되는 첫 번째 창문이라고 생각한다.

두 번째 창문은 삶의 마지막과 관계된 것이다. "너는 언제 죽을까? 나도 죽어야 하나?" 클라이브 에리커Clive Erricker 등이 지은 《온전한 어린이 교육The Education of the Whole Child》이라는 책에는 아홉 살 소녀가 돌아가신 할머니의 '비밀'에 대해 이야기하는 부분이 나온다.

"하늘나라에서는 사람들이 하얀 조랑말을 타고 다니며 마시멜로를 먹을 거예요. 할머니는 돌아가시기 전에 저한테 얘기를 많이 들려주셨어요. 곧 돌아가신다는 걸 알고 계셨거든요. 하늘나라에 가면 뭘 하고 싶은지도 얘기해 주셨죠. 할머니가 저한테 엽서도 보내주신다고 했어요. 돌아가시기 전에 할머니가 종이 한 장을 주시고 거기에 사진도 한 장 붙였어요. 그거 지금도 갖고 있는데…… 하늘나라에서 할머니는 행복하게 사실 거라고 했어요. 나보고 할머니가 없더라도 행복하게 지내라고 하셨죠. 그날 할머니는 가족 사진 하나를 엽서에 붙이고 뒤에다 이렇게 쓰셨어요. '네 마음속으로 너를 만나러 갈게.' 그래서 할머니는 항상 나랑 같이 있어요. 지금도 할머니랑 매일 얘기해요. 외로울 때면 할머니하고 얘기를 하죠. 친구들이랑 싸우고 나서도 담 위에 앉아 할머니 생각을 하고 할머니랑 얘기해요. 화가 많이 났을 때도 거기 앉아서 내 친구들 얘기를 해요. 할머니는 뭔가를 타고 다니신대요. 정말 잘 지내고 계신다고 하셨어요. 나한테 연락하겠다고 하셨죠. 할머니가 하늘나라에 가실 때 어떤 비밀을 가지고 가셨대요. 그걸 꺼내면 나한테 연락을 하실 수 있대요. 정말 머리가 좋으신 것 같아요. 그때 가지고 간 특별한 비밀 때문에 그렇게 하실 수 있대요. 사람들한테 이 얘기를 하고 싶은데 무슨 소린지 모를 거예요. 나는요, 죽은 사람들이 모두 하늘나라에 있다고 생각해요. 할머니가 그렇게 말씀하셨으니까요. 할머니는 하늘나라 세탁소에서 일해요. 하늘의 구름을 깨끗이 빼는 일이래요. 하늘나라에는 할머니 친구도 많아요. 할머닌 우리가 오래 살았으면 좋겠대요. 하지만 내가 할머니를 만나러 오면 좋겠다고 하세요. 근데 거기에 한번 가면 거기서 계속 살아야 해요. 그래서 죽은 다음에나 거기 갈 수 있어요. 하늘나라는 아주 높이, 저 위 높이, 우주보다 높은 곳에 있거든요."[5]

물론 이 감동적인 보고서는 소녀가 들려준 여러 가지 이야기들을 종합한 것이다. 어린이가 이런 일장연설을 늘어놓는 경우는 거의 없다. 어쨌거나 위의 이야기는 몇 가지 관점에서 주목할 만한 가치가 있다. 먼저 우리는 이 글을 통해서 죽음에 대한 물음이 아주 일찍부터 시작된다는 사실을 상기하게 된다. 길가에 죽어 있는 어떤 동물, 어린이가 아주 좋아했던 친척의 죽음, 때로는 또래 친구의 죽음이 계기가 될 수 있다. 어린이 앞에서 삶의 마지막에 대한 물음을 무턱대고 숨길 수는 없는 노릇이다. 마르타 파이 Martha Fay가 부모들의 의식 속에 나타난 종교의 의미를 연구하면서 제일 먼저 죽음의 문제를 다루고 있는 것은 결코 우연이 아니다.[6] 죽음이란 과연 어떤 것인가? 지금 살아가고 있는 우리에게 죽음은 무엇을 의미하는가? 죽음 뒤에는 무엇이 오는가? 우리는 도대체 왜 죽어야 하는가?

두 번째로 위의 이야기는 죽음이라는 현실 앞에서 어린이에게 가장 중요한 문제가 무엇인지 알려준다. 한마디로 어린이에게 죽음은 '관계'의 문제와 직결된다. 어떤 아이가 아주 정곡을 찌르는 말을 했다. "엄마, 아빠가 죽으면 안 돼. 그렇게 되면 정말 나는 혼자니까."[7] 죽음은 어린이의 주변 세계를 위협하는 것이며, 그 세계가 언제라도 깨질 수 있다는 것을 예감하게 한다.

이 소녀의 이야기를 통해서 우리는 어린이들이 죽음의 거대한 물음 앞에서 나름대로 해답을 찾아가고 있다는 사실을 잘 알 수 있다. 에리커도 바로 이 점을 강조한다. 소녀가 사용한 이미지 가운데 일부는 디즈니의 만화 영화에나 나올 법한 것들도 있지만, 그런 이미지들이 '개인의 심층적인 목표' 달성을 위해, 다시 말해 '할머니의 죽음 이후에도 할머니와의 관계를 유지할 수 있는' 가능성을 위해 사용되고 있다. 그러므로 어린이에게는 죽음의 문제가 아무런 의미가 없으며, 공연히 어린이들에게 죽음에 관한 얘기를 들먹일 필요가 없다는 생각은 그릇된 가정이다.

어린이가 죽음의 문제를 소화해 내지 못한다는 생각도 옳지 않다. 어린이는 자기만의 방식으로 죽음에 관해 묻고 또 나름대로 그에 대한 대답을 찾고 있다. 다만 어른들이 그 방식을 제대로 이해하지 못할 뿐이다. 물론 어린이들의 상상이 모두 도움이 되는 것은 아니다. 예컨대 하늘나라에 계신 할머니와 얘기한다는 상상은 다른 어린이에게는 귀신 이야기 같기도 해서 무서울 수도 있다. 어린이의 상상이 어린이에게 실제로 도움이 되는지, 아니면 조심스럽게 그 생각을 고쳐주는 것이 나을지 결정하는 것은 대화를 통해서만 가능하다. 이때 어른은 어린이를 신뢰하는 자세로 이야기를 나누어야 하며, 어린이의 다양한 상상은 어린이의 다양한 욕구와 밀접한 연관이 있다는 것을 유념해야 한다.

병원에서 일하는 목사, 도로테아 보프친Dorothea Bobzin은 다음과 같은 이야기를 들려주었다.[8]

어린이 환자의 부모가 한숨을 토해내며 말했다.

"이 아이가 태어났을 때 얼마나 기뻤는지 몰라요. 그런데…… 아이에게 치명적인 문제가 있다는 얘기를 들었죠."

엄마 뱃속에서 나온 아이는 전혀 기운을 내지 못했다. 아무리 손을 써봐도 소용이 없었다. 그렇게 아이는 죽었고 곧 장례 예배가 있었다.

그 부모에게는 네 살짜리 딸이 또 하나 있었다. 딸아이와 진지하게 상의한 끝에 딸도 장례식에 참석하기로 했다. 그렇게 하는 것이 가족 모두를 위해 좋겠다는 것이 부모의 의견이었다. 참석한 사람들이 모두 무덤가에 다가가 흙을 뿌리거나 꽃을 던져주는 순서가 되었다. 죽은 율리아의 언니인 네 살짜리 아이의 차례가 되었다. 그 아이의 손에는 예쁜 꽃다발이 쥐어져 있었다. 이제 그 꽃을 갖다놓으면 되는 거였다. 그런데 아이는 고개를 흔들었다.

"싫어요!"

부모는 어떻게 해야 할지 몰라 당황스러웠다. 그 아이가 무슨 생각을 하고 있는지 알 필요가 있었다. 그래서 나는 그 아이 옆에 아주 가까이 다가가 조용히 물었다.

"그러면 어떻게 했으면 좋겠니?"

아이가 대답했다.

"나, 이 꽃 가질래. 꽃을 저기 던지기 싫어. 이 꽃은 율리아가 준 거야. 율리아가 나한테 선물해 줬어. 정말 선물해 줬어."

그때 나는 느꼈다. 아이는 율리아가 그 꽃을 준 거라고 믿었기 때문에 손에 꼭 쥐고 있었던 것이다. 그것을 계속 가지려는 것은 당연하다. 그래서 나는 아이에게 말했다.

"그래, 그 꽃 잘 가지고 있으렴. 그럼 이제 율리아한테 '고마워'라고 해야지?"

신뢰와 희망, 죽음, 이것은 모든 인생의 집에 처음부터 설계되어 있는 창문이다. 태어남과 죽음에 대한 질문을 그냥 지나쳐 갈 수 있는 사람은 아무도 없다.

세 번째 창문의 경우는 사정이 좀 다르다. 이 창문은 하나님에 대한 명시적인 물음이다. 어린이의 삶 속에서, 예컨대 죽음과 관련된 맥락에서 하나님에 대한 물음이 불쑥불쑥 튀어나오기도 한다. 하지만 이 물음은 하나님이라는 단어와 만난다는 것을 전제로 할 때 비로소 가능해진다. 적어도 독일에서는 아이들이 하나님이라는 말을 어디서나 접할 수 있기 때문에 어른들이 원하든 원하지 않든 하나님에 대한 명시적인 물음을 던지는 경우가 많다.

다음은 영국의 종교 교육학자 존 헐John Hull이 네 살짜리 아들과 나눈 대화의 일부이다.[9]

아들 : 저 아저씨 이름이 미스터 버드Mr. Bird야?"
아버지 : 응.
아들 : 그럼 저 아저씨 옛날에 새였어? (웃음)
아버지 : 아저씨가 새처럼 보이니?
아들 : 아니.
아버지 : 왜 아닌데?
아들 : 새는 깃털이 있잖아. (웃음)
아버지 : 그런데 사람은 깃털이 없고⋯⋯ 정말 그런가? 사람은 옷이

있잖아.(함께 웃음)

아들 : 새는 날개도 있지.

아버지 : 맞아.

아들 : 새는 죽어?

아버지 : 사람도 죽지.

아들 : (침묵)

아버지 : '죽는다'는 게 무슨 뜻이야?

아들 : 하나님한테 가는 거.

아버지 : 하나님이 어디 있는데?

아들 : 저 위, 하늘.

아버지 : 하지만 저 위 하늘에는 구름이 있잖아.

아들 : (웃음) 아니, 그게 아니라, 더 높이 더 높이, 구름보다 더 높이 더 높이 가면, 그러면…… (속삭이면서) 아주 쪼그만 집이 나오는데, 하나님은 거기 있어.

이 대화에서 두 가지를 눈여겨볼 수 있다. 첫째는 죽음이란 하늘에 사는 하나님에게 가는 것이라는 아주 일반적인 관념이다. 어린이들을 조사하면서 실제로 많은 어린이들이 그런 상상을 아주 당연하게 생각하고 있다는 것에 놀랄 때가 많았다. "사람은 죽으면 하늘에 올라가 하나님을 만난다." 도대체 어떤 경로로 이런 상상이 어린이들 마음속에 자리 잡게 되는 걸까? 단정적으로 말할 수는 없겠지만, 흥미롭게도 자기 자녀에게 그런 식의 하나님 애기를 전혀 꺼내지 않은 부모조차도 자기 아이들이 종종 그와 비슷한 애기를 하더라고 고백할 때가 있다.

둘째로, 우리는 어린이에게 도대체 하늘이란 무엇인가 묻게 된다. 어린이들이 그린 그림을 보면 알 수 있듯이, 어린이들에게 하늘은 어떤 근본적인 의미를 지닌다. 어린이들의 그림에서 하늘은 이 세상의 지붕 역할을 한다. 하늘은 지붕처럼 땅 위를 둥그렇게 감싸고 있어서 이 땅이 집처럼 아늑하게 느껴지도록 하는 것이다.

나이가 들수록 어린이들은 이 세계의 개별 사물들만 인지하는 차원을 넘어, 그 모든 사물에 어떤 포괄적인 질서를 부여하고 그 사물의 상호 관계에 많은 관심을 보인다. 그에 따라 어린이의 세계 이미지, 즉 세계상Weltbild도 점차 변한다. 위와 아래가 있고 하늘과 땅이 있으며, 땅 밑으로는 지옥이 모습을 드러내기도 한다. 네 살 어린이와의 대화에 나타난 것처럼, 어린이들은 하나님이 저 하늘 높은 곳에 있는 집에 살고 있다고 상상한다.

어린이들에게 하나님이라는 단어와 하나님에 대한 상상은 뭔가 비밀스러운 것이다. 그 비밀스러움 때문에 갖가지 질문을 던지는데, 그 질문에 답하기란 여간 어려운 일이 아니다. "하나님은 무슨 일을 해? 하나님은 어디 있어? 하나님이 나를 볼 수 있을까? 하나님도 말을 할 수 있어?" 이런 질문과 관련하여 독일의 저명한 교육학자 위르겐 욀커스Jürgen Oelkers는 아주 좋은 에세이를 발표한 바 있다. 윌커스는 어린이의 그런 질문을 '상상 불가능한 것의 상상 가능성'에 대한 반응이라고 해석한다. 바로 이 모순 때문에 물음은 꼬리에 꼬리를 물지만 궁극적으로 그 물음은 풀리지 않는다. "물음은 '또 다른' 물음을 낳는다. 그렇지 않고 문제가 해결되었다고 말한다면 그거야말로 문제다. 왜 하나님을 크신 하나님이라고 하는가? 하나님이 아주 작을 수도 있지 않나? 하나님이 구체적으로 존재한다면 어떻게 그분이 어디에나 계시다고 하는가? 하나님을 이곳저곳으로 나누어놓을 수 없다면 하나님은 어디에 있는가? 만일 하나님이 이 세상이 생기기 전에 계셨다면, 어째서 하나님이 이 세상 안에 있다고 말하는가?"[10]

지금까지 우리는 이 세상의 창문에 대해 말했다. 어린이들도 이 세상의 모든 것이 갑자기 의심스러워지는 만남 혹은 경험을 한다. 그런데 이런 창문이 어른들에게도 있을까? 어른들도 그 창문을 통해서 뭔가 다른 차원을 볼 수 있을까?

어린이의 물음, 어른의 물음?

어린이의 물음, 특히 죽음에 대한 물음이나 하나님에 대한 물음은 어른을 난처하게 만들 때가 많다. 그런 물음과 전혀 어울리지 않는 자리, 그런 주제에 대해서 말하기 곤란한 공적인 자리에서 아이들은 하필이면 그런 질문으로 어른을 귀찮게 한다. 그러면 어른들은 얼른 주제를 바꾸려고 한다. 어른이 어린이의 물음에 어려움을 느끼는 원인은 무엇일까? 이 문제에 대해서는 이 책의 두 번째 파트에서 더 자세히 다루겠지만, 여기에서 미리 그 세 가지 원인을 언급해 보려고 한다.

어린이의 질문에 어른들이 난처함을 느끼게 되는 첫 번째 원인은 부모든 교사든 어른들도 이미 어린 시절에 겪은 바 있는 너무나도 당연한 사실에서 찾을 수 있다. 어른은 어린이와는 전혀 다른 종교 발달 단계에 있다. 그런 이유에서 어른이 자기의 어린 시절 신앙을 비판적으로 극복하려는 것은 지극히 당연한 일이다. 발달심리학의 연구에 의하면 어린 시절의 신앙은 청소년기의 신앙이나 성인기의 신앙으로 완전히 대치되지 않는다. 청소년이 되고 어른이 되어도 인간은 계속해서 어린 시절의 신앙과 씨름하면서 그 신앙과의 거리두기를 시도한다. 바로 이것이 어린이와 어울리면서도 어린이의 신앙 방식을 이해하는 것을 어렵게 만든다.

두 번째 원인은 종교 교육이라는 이름으로 부정적인 경험을 한 어른들이 많다는 점이다. 어린 시절 그들은 동심의 세계 한편에 자연스럽게 열려 있는 창문들을 만나지 못하고 이런저런 명령이나 규칙에 따라 움직이다가 번번이 양심의 가책에 시달렸던 것이다. 그들에게 하나님이란 모든 것을 보고 벌을 주는 하나님이었다. 한 사람 한 사람을 사랑하고, 그들의 신뢰를 저버리지 않으며,

언제나 새롭게 질문을 던질 수 있도록 격려해 주는 하나님이 아니었다.

어른이 어린이의 종교적인 질문을 회피하게 되는 세 번째 원인은 그런 질문이 야기하는 불확실성에서 찾을 수 있다. 죽은 사람은 하늘나라에서 하나님과 함께 있다고 말하는 어린이에게 뭐라고 대답해야 하나? 어린이의 그런 얘기에 맞장구를 쳐주어야 하는가, 아니면 '좀더 나은' 생각을 가르쳐줘야 하는가? 어린이의 세계상을 잘 이해해 주는 것이 좋은가, 아니면 가능하다면 조금이라도 빨리 자연과학의 세계상을 보여줘야 하는가?

이 마지막 질문, 즉 어린이의 상상과 세계상을 어떻게 대할 것인가에 대한 질문을 좀 자세히 살펴보도록 하자. 이 물음은 모든 종교 교육의 근본 물음 가운데 하나다. 여기에 단순하고 단선적으로 대답하는 것은 불가능하다. 중요한 것은 어린이의 상상과 세계상이 어린이 자신에게 어떤 의미가 있는지 꾸준히 살피는 것이다.

앞에서 살펴본 클라이브 에리커의 보고서, 아홉 살 소녀의 이야기를 생각해 보자. 할머니가 지금은 하늘에 계신다는 소녀의 상상을 무턱대고 고쳐주려 한다면 그것은 잘못돼도 한참 잘못된 것이다. 그래도 뭔가 꼭 고쳐주어야 한다면 할머니가 언제라도 그 소녀와 곧장 연결될 수 있다는 생각 정도일 것이다. 죽은 사람이 하늘나라에 가서 하나님과 함께 있다는 상상도 이와 비슷하다. 친한 친구나 가까운 친척을 갑자기 잃었을 때, 어린이는 그 상황을 나름대로 극복하기 위해 이따금씩 그런 상상에 매달리는 것이다. 이런 상황에 처한 어린이에게 자연과학의 테두리 안에서 생각하는 법을 가르치는 것은 도움이 될 수 없을 것이다. 그 어린이는 자연과학의 설명 속에서 아무런 위안도 찾지 못하고 다시 삶을 긍정할 수 있는 힘도 얻지 못할 것이다.

죽은 사람은 하늘에 가는 것이 아니라 모든 시간의 마지막에 일어날 부활을 기다리고 있다는 성서적 사유도 어린이의 생각을 교정하려는 시도로는 적절하지 않다. 어린이가 제대로 이해하기에는 성서적 사유 체계가 너무 어렵기 때문이다. 그러므로 어린이의 상상이 어린이가 직접 생각해 낸 것이든 간접적으로 접한 것이든 어른의 지지가 필요할 때는 언제이고, 비판적인 지적이 필요할 때는 언제인지 결정하는 것은 어린이의 가능성을 세심하게 고려한 뒤에야 가능하며, 그것도 언제나 가능한 것은 아니다. 하나님이 하늘에 계신다는 상상은 어린이에게 여러 모로 도움을 주는, 어떤 면에서는 꼭 필요한 상상일 수도 있다. 반대로 그 하나님은 하늘에서 이 세상과 어린이를 감시하고 벌을 주는 무서운 심판자의 이미지로 나타날 수도 있다. 어린이에게 어떤 상상이 유익하고 어떤 상상이 유해한지 분별하기 위한 전제 조건은 어린이의 질문을 우리의 질문으로 받아들이고 어린이와 함께 그 질문을 깊이 생각해 보는 것이다.

그렇게 어린이와 동행하는 것이야말로 어른들에게 중요한 기회가 된다. 어린이의 종교적인 질문은 그 성격상 어른도 쉽게 대답할 수 없다. 결국 어른에게도 이 세계의 창문과 마주하는 일이 중요하다. 생명의 탄생과 죽음, 하늘과 우주의 무한함, 자연의 아름다움, 이것은 어른도 우연히 마주칠 수 있는 '탁 트인 조망'이다. 어린이가 마주하고 있는 창문에 어른들도 다가선다면 그들은 한층 깊고 의미 있는 삶, 가슴 벅찬 삶의 기회를 얻을 수 있다. 어린이에 비해 어른은 일상 업무에 치여 삶의 근본 물음과 근본 경험을 도외시하고 살아갈 위험이 크다. 바로 그렇기 때문에 종교적인 문제를 놓고 어린이와 함께 대화하는 일은 어른에게도 특별한 기회가 된다.

좀더 넓은 관점에서 보면 어린이와 나누는 종교적 대화는 우리 삶의 이야기Lebensgeschichte와 얽혀 있는 종교 문제를 되짚어보게 해준다. 우리는 어린 시절의 신앙과 작별하고 어린이로서 경험했던 종교 교육에 대해 비판적인 입장을 취한다. 이런 태도는 대개 청소년기에 두드러진다. 그 뒤에는 종교와 관련된 삶의 실마리가 흔적을 감추어버리는 경우가 많다. 그럴 경우 더 이상의 종교적 발달은 뒤따르지 않고, 어른의 입장에서 깊이 생각해 볼 만한 중요한 종교적 주제들도 그냥 묻혀버리는 결과를 낳게 된다. 그렇다면 어린이와의 만남은 우리 삶에서 종교와 인연을 맺고 있는 이야기들과 다시 조우할 수 있는 최초의 기회를 의미한다. 이 기회를 잘 살린다면 우리는 좀더 발전하고 좀더 성장할 수 있을 것이다. 물론 이 기회를 그냥 흘려보낼 수도 있다. 어린이의 물음을 진지하게 받아들이지 않고 주제를 바꾸거나 상황을 대충 모면하려 한다면 말이다.

이제 어린이에게서 종교적 방향 감각을 배운다는 말의 의미가 무엇인지 분명해졌다. 일차적으로는 어른이 어린이에게 일방적으로 종교의 진리를 전달해 줄 수 있고 또 그래야 한다는 생각에서 벗어나야 한다. 종교의 가르침을 '뉘른베르크의 깔때기'로 속성 주입할 수 있다는 착각에서 벗어나야 하는 것이다.('뉘른베르크의 깔때기'란 17세기 독일의 뉘른베르크에서 발간된 하르스되르퍼의 시학서 제목에서 유래한 것으로, 갖가지 지식을 학생에게 일방적으로 주입시키는 교수법을 뜻한다. 학생의 머리에 깔때기를 대고 지식을 부어 넣는 이미지를 떠올리게 한다.—옮긴이) 이렇게 어른이 어린이에게 모든 것을 가르칠 수 있다는 사고방식은 어린이에게도, 교육 현실에도 전혀 도움이 되지 않는다. 이제 더 이상 그런 식의 사고방식이 허용되어서는 안 된다.

반면 어린이가 혼자서 모든 걸 할 수 있다는 생각은 어떠한가? 어린이를 그냥 놔두면 자기가 알아서 종교에 대해서 생각하고 판단할 것이라는 기대도 바람직하지 않다. 스웨덴의 저명한 교육학자 엘렌 케이Ellen Key는 《어린이의 세기》(1900)라는 책에서 그런 주장을 폈다.[11] 물론 어린이는 종교적인 질문을 던지면서 스스로 창조적인 해답에 도달할 수 있는 능력이 있다. 그런 의미에서 이 책의 세 번째 파트에서는 '어린이도 신학자'라는 명제를 다루게 될 것이다. 하지만 어린이가 그런 방향 감각을 계발하기 위해서는 어른들의 격려와 동행이 반드시 필요하다. 따라서 어린이에게 종교적 방향 감각을 배운다는 말은 어린이의 질문이 우리에게 도전이 될 때 그 도전을 진지하게 받아들이고, 지금까지 우리가 무심히 지나쳤던 창문을 통해 이 세상을 새롭게 바라보는 것을 뜻한다. 그럴 수만 있다면 어른과 어린이가 함께 답을 찾아가면서 새로운 종교적 방향 감각을 연마할 수 있게 될 것이다.

어린이에게 필요한 것과 필요하지 않은 것

"어린이에게 종교가 필요한가?" 이것이 이 책 첫 번째 파트의 주된 물음이다. 어린이에게 '필요한 것'이 무엇이냐는 질문은 요즘 많은 사람들의 입에 오르내리고 있다. 어찌 보면 아주 당연한 질문이다. 하지만 어린이를 제대로 이해하려는 사람이라면 이 질문에 좀더 깊이 파고들어야 할 것이다. 어린이가 무엇을 '필요'로 하느냐는 질문 자체가 우리로 하여금 뭔가 이익이 되는 것만을 추구하게 만들 수도 있기 때문이다. 어린이 세계의 비밀에 대해 묻기에 앞서, 과연 우리가 어린이를 어떻게 이해하고 있는지 성찰할 필요가 있다.

독일어권에서 어린이에게 '필요한 것'에 대한 관심이 고조된 것은 아동심리학자 브루노 베텔하임Bruno Bettelheim의 책 덕분이다.

원래 영어 원서의 제목은 전혀 다르지만,[12] 독일어로 번역된 책 제목은 《어린이에게 옛 이야기가 필요하다》와 《어린이에게 책이 필요하다》이다. 그때부터 이와 비슷한 표현들이 쇄도하기 시작했다. '어린이에게 사랑이 필요하다' '어린이에게 경계가 필요하다' '어린이에게 교사가 필요하다' 그리고 좀더 괜찮게 들리는 '어린이에게는 배우는 자세의 교사가 필요하다' '어린이에게 휴식이 필요하다—교사도 마찬가지다' 등등. 몇 년 전 독일청소년연구소 Das Deutsche Jugendinstitut는 독일에서 어린이들이 어떻게 자라고 있는가에 대해 대대적인 조사를 벌였고, 그 결과를 책으로 출간했다. 이 책에서도 "어린이에게 무엇이 필요한가?"라는 물음이 전면에 부각되었다. 이 물음은 모든 교육의 기본 문제로 간주되고 있다. 같은 맥락에서 이미 1979년에 미아 켈머 프링글레Mia Kellmer Pringle가 《어린이에게 무엇이 필요한가》라는 책을 펴낸 바 있다.[13]

아직도 어린이에게 필요한 것의 목록에 뭔가를 추가하려는 사람이 있다면 그 사람은 시류에 편승하여 말의 인플레이션을 조장하는 사람이 될 것이다. 그래서 우리는 "어린이에게 종교가 필요한가?"라고 묻기에 앞서 "어린이는 반드시 뭔가가 필요한 존재인가?"라고 물어야 한다. 어린이는 항상 뭔가가 필요한가, 아니면 뭔가를 필요로 하지 않아도 되는가? 어린이에게 이것 혹은 저것이 필요하다는 말은 과연 필요한 말인가? 그런 말이 유행처럼 번지고 있긴 하지만, 정말 적절한 말인가? 어린이를 예전보다 진지하게 생각하려는 인간다워진 태도의 표현인가? 아니면 교육마저도 어떤 구체적인 필요성에 끼워 맞추려는 사고방식의 결과인가? "어린이에게 ~가 필요하다"는 식의 어법이 진정 어린이에게 새로운 삶과 놀이의 가능성을 열어주고 있는지, 아니면 다른 사람이 쓸모 있다고 여기는 것에 어린이를 끼워 맞추려는 것은 아닌지 면밀히 검토해봐야 한다. 아무도 그것이 필요하지 않기 때문에 오히려 정말 중요한 것이 있지 않은가? 특별한 목적이 없어도 아름다운 것, 흥거운 것이 있지 않은가? 어쩌면 그것들이야말로 어린이들이 정말로 원하는 것이 아닌가?

'꼭 필요하지 않은 것을 변호하는 것'이 불가피한 일인지 그렇지 않은지 제대로 분별하기 위해서 두 번째 질문을 생각해 보자. 어른들이 어린이에게 꼭 필요하다고 말하는 것은 무엇인가? 또 무엇이 아닌가? 앞서 소개한 독일청소년연구소의 책을 펼치면 어린이에게 무엇이 필요한지에 대한 여러 교육학자들의 의견을 접할 수 있다. 어린이에게 필요한 사람, 사물, 공간, 시간이 나열되어 있다. 하지만 종교는 어린이들에게 꼭 필요한 것 같지 않다. 삶의 의미와 희망에 대해서도 전혀 언급이 없다. 교회에 대해서도 짤막한 설명이 전부다. 그 대신 어린이 스포츠, 어린이 극장, 어린이 박물관, 어린이 음악이 그 목록을 차지하고 있다. 어린이 텔레비전, 어린이 컴퓨터는 말할 것도 없고 어린이 책, 어린이 문학 작가도 어린이에게는 꼭 필요한 항목이다. 언뜻 보기에는 어린이에게 필요한 모든 것들이 나와 있는 것 같다. 하지만 어린이의 종교적 발달은 안중에도 없다. 요즘 어린이들은 가정에서조차 종교적인 대화를 나눌 사람이 없다는 사실도 거의 논의되지 않는다. 종교에 대한 관심이 없어서가 아니다. 많은 부모들이 종교를 하나의 프라이버시로 여기기 때문이다. 그래서 가정에서도 종교에 대한 얘기를 나누는 일이 거의 없다.

"어린이에게 종교가 필요한가?"라는 물음이 대두되지 않는 이유는 무엇인가? 우선은 교회의 상황이 달라진 데에서 그 이유를 찾을 수 있을 것이다. 예전의 교회는 개인의 신앙 생활에 결정적인 영향을 미치는 유일무이한 기관이었다. 하지만 오늘날의 교회는 더 이상 그런 모습이 아니다. 우리는 지금 다양한 종교의 시대를 살고 있다. 이런 상황에서 교육은 옛날처럼 어떤 특정 종교에 기대거나 그 종교와 연대하려고 하지 않는다. 이러한 변화에는 납득할 만한 부분도 있지만, 이와 결부된 맹점을 간과해서는 안 된다. 교육학(교육)이 변화된 상황에만 무게를 둔다면 어린이 교육의 문제를 그 사회가 필요로 하는 가치에만 집중시킬 소지가 있다. 하지만 "어린이에게 무엇이 필요한가?"라는 물음은 인간에 대한 근본적인 이해와 결부된다. 그 물음은 인간됨의 궁극적 의미에 대한 물음과 맞닿아 있다. "어린이는 누구인가? 우리는 어린이를 어떻게 이해할 수 있는가?" 이 물음이 제대로 규명되지 않는 한, 어린이에게 무엇이 필요한지 말할 수 없다. 안타깝게도 바로 이 인간됨에 대한 물음이 지금 전혀 고려되지 않고 있다. 그 결과 많은 논의들이 다분히 피상적인 수준에 머무를 수밖에 없다. 예를 들어 켈머 프링글레는 어린이가 "모든 가능성을 펼쳐나갈 수 있어야 한다"고 주장하는데, 그 가능성이란 것이 특별한 근거도 없이 '건강과 사회적인 것'에 국한되어 있다.[14]

오늘날에도 어린이의 건강과 사회적 안전이 위협받고 있다는 사실은 안타까운 일임에 틀림없다. 그렇다고 해서 그것이 전부가 될 수 있는가? 더 이상 이러한 물음이 없다면 이제 불필요한 것의 변호를 위한 시간이 된 것이다. 사회적 통념에 따라 필요한 것의 목록을 상정하고, 그 필요한 것에 교육을 집중시키는 것만으로는 어린이의 올바른 성장을 위해 충분한 해답을 제시했다고 할 수 없다. 바로 이런 맥락에서 "어린이에게 종교가 필요한가?"라는 물음이 특별한 의미를 갖는다. 이 물음은 일반적으로 사회과학이 제공하는 가치 기준과는 전혀 다른 생각의 지평, 물음과 느낌과 추구의 지평이 존재함을 분명하게 보여준다.

본인의 의도와는 별개로 어린이에게 '필요한' 것의 열풍을 불러일으킨 브루노 베텔하임에게서 아주 독특한 입장을 찾아볼 수 있다. 그의 책 《어린이에게는 옛 이야기가 필요하다》는 어린이에게 종교가 필요한 이유에 관한 책이라고 해도 과언이 아니다. 책의 첫머리만 봐도 그 점이 아주 분명하게 드러난다.[15]

만일 우리가 하루하루를 덧없이 보내는 것이 아니라 참된 존재로서의 나를 의식하며 살고 싶다면, 가장 절실한 과제는 삶의 의미를 찾는 일일 것이다. 그러므로 어린이를 키우는 데 가장 중요하면서도 힘든 일은 어린이가 자기 삶의 의미를 발견하도록 도와주는 일이다.

단순히 어린이의 '건강과 사회적인 것'을 넘어서 삶의 의미 추구를 신중하게 고려하자는 주장이다. 이 주장에 근거한 다른 견해도 놀랄 만하다. 베텔하임은 한마디로 이러한 교육에 가장 잘 어울리는 것이 옛 이야기라는 의견을 내세우고 있기 때문이다. 그의 주장에 따르면, 옛 이야기 Märchen는 어린이에게 "상징의 옷을 입고 다가와" 어린이가 "인간의 근본적인 문제"와 "실존적인" 물음, 예컨대 선과 악의 문제를 나름대로 풀어갈 수 있도록 "격려한다." 베텔하임은 여기서 '종교적 모티브'도 중요한 역할을 한다는 사실을 알고 있었다. 그리고 자신의 주장이 종교 교육자들에게는 오해될 소지가 있다는 것을 내다본 것 같다. 베텔하임은 그런 오해를 피하기 위해 종교는 옛 이야기와 똑같은 역할을 할 수 없다고 덧붙인다. 요컨대 종교는 어린이에게 "올바른 행동 방식에 대한 하나의 가르침"만을 제공하지만, 옛 이야기는 어린이가 "자기 자신의 해답에 다다를 수 있게" 해준다는 것이다. 훗날 추가된 설명에 의하면, 성경은 "어떻게 해야 착하게 살아갈 수 있는지" 가르쳐주긴 하지만, "인간 존재의 그늘진 쪽에서 발생하는 문제들"에 대해서는 "아무런 해답도 주지 못 한다." 성경은 "그저 조언만" 하고 인간의 "충동을 억누른다"는 것이다.

사실 베텔하임의 심리학적 입장은 어린이에게 종교가 필요하다는 주장과 매우 가깝다. 하지만 책의 후반부로 갈수록 종교에 대해 거리를 두는 것은 그가 종교를 도덕적이고 교리적인 것으로 이해했기 때문이다. 한마디로 그는 종교에 대한 선입관에 사로잡혀 있었다. 현대 심리학과 신학이 대화를 통해 이미 그 선입관을 극복했건만, 베텔하임은 아직 그 단계에 이르지 못했던 것이다.

지금까지의 논의를 한번 요약해 보자. 현대 사회는 틈만 나면 "어린이에게 무엇이 필요한가?"라고 묻고 있지만 이 물음이 어린이의 참된 행복과 드넓은 관심을 심도 있게 고려한 것이라고는 말할 수 없다. 오히려 이런 식의 물음은 어린이를 고작 '건강과 사회적인 것'의 의미에서 피상적으로 이해할 뿐이다. 그렇기 때문에 이 물음에 사회적인 선입견이 개입되어 있지는 않은지, 실리주의적 사고에 물들어 있지는 않은지 비판적으로 성찰해 보지 않으면 안 된다. 쓸모 있다고 생각되는 것에만 매달릴 것이 아니라, 어린이가 열광하고, 경탄을 자아내고, 계속 질문을 유발하는 것들이 얼마나 중요한지도 알아야 한다. 그래서 이제 우리는 어린이의 '중대한 질문'에 집중하려고 한다.

성장하는 어린이의 다섯 가지 중대한 질문

 지금까지 우리는 어린이에게 종교가 필요한가 물으면서 동시에 어린이가 정말 뭔가를 필요로 해야 하는가를 비판적으로 되물었다. 피상적인 실리주의적 사고방식에 맞서 우리는 불필요한 것, 아름다운 것, 재미있는 것의 가치를 옹호하려고 했다. 어린이에게 비밀로 다가오는 것, 어린이를 매료시키는 것도 여기에 속한다. 어린이의 세상과 마찬가지로 어른의 세상에도 이 세상 너머를 보게 해주는 창문이 있다는 얘기가 너무 알쏭달쏭하게 들릴 수도 있다. 그 말을 문자 그대로 받아들여서는 안 된다. 우리 인간의 눈으로는 이 세상 너머를 바라볼 수 없다. 그럼에도 그 상징적인 표현이 의미하는 바는 중요하다. 그리고 그것을 다른 식으로 이야기해 볼 수도 있다.

이번 장에서 우리는 어린이의 다섯 가지 중대한 질문을 생각해 보려고 한다. 이 질문은 어린이가 직접 우리에게 던지는 질문일 수도 있고, 우리가 어린이를 교육하면서 맞닥뜨리게 되는 질문일 수도 있다. 이 질문들이 명시적이건 암시적이건 어떤 종교적인 대답을 요구하기 때문에 '중대한' 질문인 것이다.

처음 세 가지 질문은 '어린이 세상의 창문'과 관계된 질문이고, 넷째와 다섯째 질문은 거기서 한 걸음 더 나아간다. 이 질문들을 통해서 이 책이 말하는 어린이의 권리가 무엇인지 분명해질 수 있을 것이다.

어린이의 물음에서 어린이의 권리로

지금까지 '이 세상의 창문'이라고 지칭한 질문들이 어떻게 어린이의 권리와 연결되는지 설명하기 위해서 우리의 주장을 조금 다른 방식으로, 좀더 확실하게 부각시키고자 한다. 그저 몇 가지 사례를 소개하고 거기 내포된 질문을 분석하는 데 그쳐서는 안 되기 때문이다. 그런 식으로는 결코 어린이의 권리를 도출해 낼 수 없다. 지금부터 다섯 가지 질문을 대할 때마다 반드시 점검해야 할 것들이 있다.

이 물음이 실제로 어린이에게서 나온 물음인가? 혹시 어린이가 아닌 다른 사람이 어린이에게 투영한 질문은 아닌가? 특히 교회의 가르침이나 신학이 인공적으로 만들어낸 질문은 아닌가? 이 물음이 어떤 종교적인 해답을 요구하는가? 만일 그렇다면 어떤 의미에서 그런가? 왜 종교와 무관한 다른 방식으로는 이 물음에 만족스러운 해답을 찾을 수 없는가?

끝으로 우리가 주장하는 어린이의 권리가 실천적인 중요성이 있는지 따져보기 위해 생각해봐야 할 또 하나의 질문이 있다. 그것은 "이 물음이 충분한 대화 없이 그냥 침묵 속에 묻혀버린다면 어떤 일이 일어나는가?" 하는 것이다.

나는 누구지? — 나 자신에 대한 물음

현대 인문과학과 교육학은 어린이의 자아 실현에 큰 가치를 부여하고 있다. 예컨대 게르트 셰퍼 Gerd E. Schäfer는 《유년기의 교육과정》이라는 책에서 '자아 형성'이라는 개념을 전면에 부각시킨다. 그는 정신분석학자 에릭 에릭슨의 견해를 이어받아 '정체성 형성'을 유년기와 청소년기의 핵심 과제로 상정한다.[16]

오늘날 우리의 관점에서는 두 가지 측면이 중요하다. 하나는 어린이 자신의 적극적인 활동이고, 또 하나는 다른 사람이 어린이를 인정해 주는 것이다. 이미 앞에서 살펴본 것처럼 어린이의 자아 형성은 신뢰의 문제이며, "인간과 이 세상이 신뢰할 만한 가?"라는 질문과 밀접한 관련을 맺고 있다. 어린이가 제 입으로 "나는 누구지?"라고 물어보지 않아도 어린이를 사랑으로 돌보는 사람들의 존재와 환경 자체가 어린이에게는 이미 확실한 대답이 된다. 그러므로 우리는 이렇게 말할 수 있을 것이다. "어린이가 '존재 자체'로 그 사람들에게 하나의 물음이듯이, 그들은 그 '존재 자체'로 어린이에게 하나의 대답이다."

어린이와 어른의 관계, 그 물음과 응답의 상호 관계는 인간이 무엇을 원하고, 무엇을 해야 하며, 무엇을 할 수 있느냐의 문제이기도 하다. 어린이가 원하는 모든 것을 어른이 다 해줄 수는 없다. 어른 앞에서 어린이가 떼를 쓰거나 화를 폭발할 때 선연하게 드러나는 것처럼, 어린이와 어른의 관계에는 격하게 밀고 당기는 세력 다툼도 있다. 그래서 "내가 누구인가?"라는 물음 못지않게 "나는 어떤 사람이 되어야 하는가?"라는 물음도 중요하다. 청소년기에 접어들기도 전에 어린이가 명시적으로 이런 물음을 던지는 경우는 거의 없다고 봐야 할 것이다. 하지만 어린이는 어린이다운 방식으로 일찍부터 자기 자신에 대한 물음, 자기 형성에 대한 물음을 던진다.

지금까지 얘기한 부분에 대해서는 비교적 너른 공감대가 형성될 수 있을 것이다. 자기가 원하는 것과 해도 되는 것 사이의 갈등에서 자기를 형성해 나아가는 것은 어린이의 자연스러운 성장 과정이다. 하지만 '종교'가 이와 무슨 관련이 있다는 말인가? 언뜻 보기에 어린이의 자아를 인정해 주는 것은 순전히 인간적인 차원의 일인 듯하다. 자기 자신에 대한 물음에 답을 찾기 위해 어린이는 다른 사람의 인정이 필요하다. 일상적인 차원에서는 이 인정만으로도 충분하다. 그러나 자아에 대한 어린이의 물음이 어른의 보증을 받았다고 해서 완전히 해소될 수 있는가? 어린이의 자아란 그저 어른과 교사의 생산물이란 말인가?

앞서 언급한 정신분석학자 에릭슨은 인간 자아의 경험 혹은 정체성의 형성에는 모든 인간적 경험을 초월하는 어떤 심층적 차원이 내포되어 있음을 지적한 바 있다.[17] 에릭슨에 의하면 '나'라는 단어는 내 경험의 우주 속에서 내가 의식의 중심이라는 사실을 느낄 수 있게 해주는 언어적 보증이며, 나는 그 우주 속에서 통일된 정체성을 유지한다. 이 경험은 주관적인 것이어서 '수량화'될 수 없다. 에릭슨은 여기서 더 심오한 주장을 펼친다. "그러므로 '나'라는 존재의 상대방은 엄밀히 말해 신성神性밖에는 없다. 오로지 신성만이 유한한 인간에게 '나'라는 느낌을 선사할 수 있다." 이것을 나는 다음과 같이 풀어 설명하고 싶다. "더 큰 자아, 나보다 큰 나, 무조건적이고 초월적인 상대자만이 어린이의 존재를 인정해 줄 수 있으며, 그제야 어린이의 자아는 다른 모든 인간들에게 자유로운 상대방이 될 수 있다."

어린이의 자율적이고 자유로운 자아에 관심을 갖는 교육이라면 그 자율성의 근본을 물어야 한다. 바로 이 점에서 어린이의 자아 형성을 사회적인 관찰 방식으로서 파악하려는 시도는 한계에 부딪힌다. 거기에는 어린이와 인간을 사회 환경의 부산물쯤으로 간주하는 위험이 도사리고 있기 때문이다. 그런 관점에서는 인간이 어떻게, 무엇을 통해서 자유와 자율성을 보장받을 수 있는지 설득력 있게 말할 수 없다. 인간의 초월적인 상대자에 대한 물음이 무시되는 곳에서는 그 후유증이 나타나게 마련이다. 사회 환경을 모든 판단의 최종 기준으로 간주하고 어린이를 그 사회 환경에 과잉 순응시키려는 경향이 바로 그것이다. 이것을 좀더 분명하고 도발적으로 표현해 보자. "부모들이 그들 너머에 있는 초월적 심급을 인정하고 그 앞에서 책임감을 느끼지 않는다면 교육은 결코 자유로워지지 않을 것이다." 이 말을 단순한 양자택일로 이해해서는 안 된다. 종교 교육도 인간을 철저하게 부자유하게 만들 수 있기 때문이다.(이 문제는 두 번째 파트에서 집중적으로 다룰 것이다.) 어른의 신앙이 자동적으로 교육의 자유를 보장해 주지는 않는다. 게다가 부모나 교사를 넘어서는 권위에는 비종교적 형태의 권위도 있다. 그러므로 우리가 주장할 수 있는 것은 자신의 삶에서 초월적인 존재를 배제하지 않고, 자신에게 알맞은 방식으로 그 존재와 관계를 맺고 살아가는 것이 진정한 자유 속에서 자신을 형성해 가는 데 필수 조건이 될 수 있다는 사실이다.

최근 들어 어린이의 자기 형성에 대한 관심이 높아지고 있는 것은 아주 좋은 일이다. 이런 맥락에서 우리는 이 주제를 다음 장에서 또 한 번 다루게 될 것이다. 하지만 그에 앞서 성장하는 어린이가 던지는 다른 물음들, 종교적 영역과 암묵적으로 통하는 물음들을 마저 살펴보도록 하자.

왜 죽어야 하지? — 죽음에 대한 물음

앞에서 이미 여러 번 강조했듯이 죽음에 관한 물음은 모든 어린이가 한 번쯤은 마주치는 물음이다. 때문에 다시금 그 문제에 대해서 설명할 필요는 없을 것이다. 오히려 논의의 초점은 그 물음의 '종교적' 성격이다. 그렇다면 어린이에게 죽음이 자연스러운 일이라고 가르치는 것으로 충분하지 않다는 말인가? 죽음에 대한 물음에 아주 간단하게 대답할 수도 있다. "모든 사람은 언젠간 죽게 마련이야. 그건 그냥 그래!" 겉보기에 전혀 해로울 것도 없고 오히려 정직하다 싶은 이 대답에 사실은 하나의 세계관이 그대로 담겨 있다. 만일 죽음에 대해서 정말 이것 밖에는 할 말이 없다면, 여기에는 죽음을 그저 숙명적인 것으로 받아들이는 체념적 삶의 태도가 고스란히 드러나 있는 것이다. "그건 그냥 그래!"라는 말이 어린이에게 무엇을 의미하는가? 살면서 겪게 되는 여러 일 가운데 어떤 것들은 희망과 동경, 분노나 슬픔, 실망과 저항의 여지도 없다고 말하는 것과 다를 바가 없다. 죽음이 바로 그런 것이라면 또 어떤 것이 여기에 속하는가? 결국 이 세상은 아무런 희망도 없는 '그냥 그런' 것인가?

우리가 생각하는 죽음이란 어떤 것인가? 죽음은 우리 삶에 어떤 의미가 있는가? 이 물음에 어떻게 대답하든지, 아니면 대답을 하지 않고 그저 슬며시 미뤄놓든지, 이 물음에 대응하는 방식을 보면 그 사람이 삶의 의미를 어디에 두고 사는지 알 수 있다. 그러므로 죽음에 관한 물음은 어떤 예외적인 개별 질문이 아니라 삶 전체의 의미에 관한 질문이다.

죽음과 마주하는 자세는 지금 우리 삶의 방식을 결정짓는 요소이다. 아니 지금 우리의 삶이 과연 삶이라고 할 수 있는지 아닌지를 비추어보게 만드는 문제이다. 유대계 폴란드 교육학자인 야누쉬 코르착Janusz Korczak이 한 말 가운데 나에게는 처음부터 수수께끼와도 같았던 말이 하나 있다. 처음 읽었을 때부터 지금까지 나의 뇌리를 떠나지 않고 있는 문장이다.[18] 너무나도 분명한 어린이의 '기본 권리'가 세 가지 있는데, 그 중 하나가 '어린이가 죽을 수 있는 권리'라는 것이다. '죽을 수 있는 권리'라니 도대체 무슨 뜻인가? 이에 대해 코르착은 다분히 암시적이면서 시적인 언어로 설명한다.

죽음이 우리에게서 어린이를 빼앗아갈지도 모른다는 두려움 때문에,

우리는 어린이를 삶과 분리시킨다. 어린이의 죽음을 막기 위해서 어린이의 삶을 허용하지 않는 것이다.

코르착에게 있어 어린이의 죽음과 어린이의 삶은 서로 긴밀히 연결되어 있다. 지금의 어린이도 마찬가지일 것이다. 그러므로 '어린이가 죽을 수 있는 권리'라는 말은, 죽음과 관련된 어린이의 느낌과 생각과 경험을 어른이 존중하고 함께할 수 있을 때 어린이가 삶다운 삶을 살 수 있다는 말로 이해할 수 있을 것이다.

종교나 교회에 비교적 무관심한 현대 심리학자 중에서도 이 견해에 동의하는 이들이 많다. 독일 노르트라인-베르트팔렌의 사회보건부에서도 《죽음과 슬픔: 어린이와의 대화》라는 제목으로 '부모를 위한 지침서'를 펴낸 바 있다.[19] 독일의 모든 관공서는 종교적 중립의 원칙을 준수해야 하기 때문에 문서에서 어떤 종교적 입장도 반영할 수 없다. 하지만 이 공적인 문서조차 어린이들이 '삶의 의미에 대한 물음'을 갖고 있으며, 그 물음은 "죽음 이후에 더 이상 이 세상에 있지 않은 그 생명에게 어떤 일이 일어나는가?"라는 물음으로 이어진다는 사실만큼은 분명하게 인식하고 있다. 부모 스스로가 종교적 세계관을 그저 '불가사의한 것'으로 여기는 상황이라면 어린이들의 그런 질문이 더더욱 어렵게 느껴질 것이라는 진단도 매우 타당하다. 그러나 이 공식 지침서가 부모에게 큰 도움이 될 것 같지는 않다. 최대한 어린이의 질문을 따라가 주라는 격려는 일단 바람직하지만, 결론은 아주 실망스러운 '삶의 지혜'로 마무리된다. "죽음과 슬픔은 삶의 일부다"라는 식으로. 부모나 교사가 죽음을 어떻게 자신의 삶 속에 받아들일 수 있는지에 대한 얘기는 빠져 있다.

죽음에 대한 물음에 비종교적인 해답을 찾는 것도 물론 가능한 일이다. 그 가능성을 완전히 부정할 필요는 없다. 하지만 그런 해답이 어린이들에게, 그리고 죽음의 문제를 심각하게 고민하는 어른들에게 지속적인 도움이 될 수 있는지는 미지수다. 그에 비해 종교가 제시하는 해답들은 중요한 도움이 될 수 있다는 것을 우리는 확실히 말할 수 있다. 예컨대 자연과학에 근거한 해명보다는 종교적 대답이 어린이들의 물음에 훨씬 더 가까이 다가설 수 있다.

여기서 잠시 현장의 목소리를 들어보자. 심각한 병으로 생사의 갈림길에 선 아이들과의 상담에서 나온 이 기록들은 우리에게 많은 것을 시사한다. 먼저 열두 살 남자 아이 잉고Ingo의 말을 들어보자.

"그러니까 H병동에서는 모든 게 조금 달랐어요. 정말 금방 그런 느낌이 들었어요. '아, 이제 내가 올 곳에 왔구나!' 하구요. '여기서는 너한테 진실을 말해주지 않을 거야'라는 말, 제가 처음에 들었던 그 말이 정말로 맞구나 싶었죠. 이제 무슨 일이 벌어지는지 있는 그대로 아는

게 진짜 엄청 도움이 된다는 거, 그거는 꼭 말하고 싶어요. 지금 내 몸이 갑자기 이상해져서 이 골치 아픈 병 때문에 죽을 수도 있다는 사실을 몰랐다면, 모르긴 해도 두 번째 허리 수술을 받은 다음에는 아예 정신도 못 차렸을 걸요. 그걸 알아야 힘을 내서 싸우죠. 치료도 견뎌낼 수 있고요. 엄마 아빠가 걱정해서 사실을 말하지 않은 것은 이해가 돼요. 아픈 아이가 죽을지도 모른다는 생각에 '불필요하게' 힘들어할 것 같고, 희망을 잃어버릴까봐 그러셨겠죠. 그렇게 하면 잠깐은 안심시킬 수 있지만 그게 다예요. 어렵겠지만 엄마, 아빠가 아이에게 솔직하게 말해주는 게 나아요. '지금 네가 아주아주 위험한 처지란다'라고…… 저는 확실히 말할 수 있어요. 어린이에게는 항상 진실을 말해주는 게 제일 좋은 방법이에요. 희망도 진정한 희망이 아니면 전혀 도움이 안 돼요."

다음은 입원 치료중인 어린이를 위한 교육 프로그램 보고서 가운데 일부분이다.

병원이라는 공간에서 나름대로 실존적인 체험을 하고 있는 청소년들은 진화의 역사를 거슬러 올라가 모든 것의 기원을 찾아가는 프로그램에 큰 관심을 보인다. 흥미롭게도 아이들은 인간과 우주가 궁극적으로 어디에서 와서 어디로 가느냐는 물음 앞에서 모든 학문과 인간의 모든 생각이 한계에 봉착한다는 사실을 깨닫게 된다. 그리고 이 한

계를 자기의 상상력으로, 자기 나름대로의 해답 혹은 새로운 질문 등으로 극복하려고 한다.[20]

내가 맘 놓고 기댈 수 있는 곳은 어디지? — 하나님에 대한 물음

어린이는 어른을 통해서 '하나님'이라는 말을 접한다. 나 자신에 대한 물음, 모든 것의 의미에 대한 물음과는 달리 이번 물음은 종교 교육, 신학, 교회와 직접적으로 관련된 물음이다. 그렇게 보면 이 물음은 어린이의 성장에 그다지 필수적인 것 같지 않다고 할 수도 있다. 하지만 우리가 놓치지 말아야 할 사실이 있다. 그것은 어린이들, 특히 유럽 문화권의 어린이들은 성장하면서 거의 예외 없이 하나님이라는 단어와 맞닥뜨리게 된다는 사실이다. 종교적인 교육을 받지 않는 어린이들도 마찬가지다. 예술, 건축, 음악, 문학, 역사, 정치 등 거의 모든 삶의 영역에서 하나님에 대한 진술과 만난다. 그런데 어린이들이 하나님이라는 단어 혹은 하나님에 대한 여러 가지 표현을 접한다고 해서 그들에게 반드시 종교적인 대답을 해주어야 하는가? 그런 것들은 그저 과거의 유산이라고, "옛날 사람들은 그렇게 생각했단다"라고 설명해 주는 것으로 충분하지는 않은가?

이 문제와 관련하여 현대 정신분석학은 의미심장한 이론을 전개하고 있다. 특히 미국의 정신분석학자인 애너-마리아 리주토 Ana-Maria Rizzuto의 견해는 주목할 만하다. 그녀의 이론에 따르면, 어린이들은 삶의 맨 처음 순간에 이미 어떤 종교적 차원의 경험, 하나님에 대한 이미지의 생성으로 해석할 수 있는 어떤 경험을 한다. 어린이는 자기 부모 혹은 보호자를 전능한 원천으로 생각하고, 애정 어린 관심을 비롯하여 자기에게 구체적으로 공급되는 모든 것의 원천을 경험한다. 그들에게서 어린이는 따뜻함과 아늑함을 느끼며 또한 보호받고 있음을 느낀다. 이 경험이 어린이에게 종교적인 차원을 부여한다. 단순히 곁에서 보이는 것보다 큰 경험이 여기서 이루어진다. 자기 자신을 넘어서는 무조건성의 경험이 바로 그것이다. 물론 이런 설명은 언어 이전의 체험과 관계된 것이다. 그러니까 어린이가 이런 경험을 할 때는 어린이가 그 모든 경험을 어떤 단어나 개념, 가령 하나님이라는 말과 결부시킬 수 있을 정도로 명료하게 의식하고 있다는 뜻은 아니다. 그럼에도 그런 경험은 그리움이나 희망, 혹은 두려움이나 실망 등의 형태로 어린이의 삶에 어떤 흔적을 남겨놓는다. 이런 초기 경험에서 우리가 눈여겨봐야 할 것은, 이것이 그저 어린이가 경험하는 몇 가지 형태의 감정이라든지 기분 따위에 한정된 것이 아니라 어린이의 실존 전체에 와 닿는 근본적인 감정이라는 사실이다.

이렇게 유아기로 거슬러 올라가는 경험을 바탕으로 훗날 어린이가 하나님과 예수님에 대한 성경 이야기를 소화할 수 있다고 추정하는 것도 어려운 일이 아니다. 그런 이야기를 받아들일 때 어린이는 그때까지 모호한 채로 남아 있던 경험들을 표현할 수 있는 언어를 획득하게 된다. 이 언어 획득이야말로 어린이의 인성 발달 과정 전체에 결정적인 의미를 갖는다. 왜냐하면 바로 그 언어를 통해서 유아기의 경험과 결부된 그리움, 두려움 등의 의식적 표출이 가능해지기 때문이다. 드디어 그 경험을 다른 사람들과 함께 나누고 함께 생각해 볼 수 있게 되는 것이다.

어린이가 주변 환경이나 교육을 통해 이런 종교적 언어를 만나지 못할 때 어린이의 인성 발달에 어떤 영향을 끼치는지에 대해서는 알려진 바가 거의 없다. 마땅한 종교 언어와 조우하지 못한 유아기 초기의 근원 경험이 혹시 다른 표현 방식들, 예컨대 상업주의적인 대중 매체의 캐릭터들과 맞물리지는 않을까? 사이언스 픽션의 신화적 영웅이나 히멘 혹은 스켈레터와 같이 만화 영화에 등장하는 선과 악의 화신이 종교 언어의 자리를 차지해 버리는 것은 아닐까? 혹은 그 경험들이 알맞은 언어를 찾지 못한 채 모호한 상태에서 감상적인 염세주의나 낙관적 도취 상태를 오락가락하는 변덕스러운 감정으로 남지는 않을까? 종교적 언어의 제공이 결여될 때 어린이의 자아 형성에 수반되는 부작용에 대해서는 다음 장에서 자세히 살펴볼 것이다.

왜 다른 사람에게 잘 해줘야 하지?—윤리적 행동의 근거에 대한 물음

지금까지 언급한 물음들, 그러니까 나 자신에 대한 물음, 죽음에 대한 물음, 하나님에 대한 물음과는 달리 윤리적 행동의 근거에 대한 물음은 적어도 일반적으로는 어린이가 직접 던질 수 있는 물음의 수준을 한참 넘어서 있다. 그렇기는 하나 이 물음은 어린이의 성장 및 교육과 아주 밀접한 연관이 있다. 그것은 어린이로 인해 어른들이 다음과 같은 질문 앞에 서기 때문이다. 도대체 우리는 무슨 근거로 어린이들에게 다른 아이를 때리지 말라고, 다른 친구에게 못되게 굴지 말고 잘 해주라고 요구할 수 있는 것일까? 심지어 약한 사람 편을 들어야 한다고 말할 수 있는 것일까? 어린이에게 그 이유를 설명하다 보면 금방 한계에 부딪히는 것을 깨닫게 된다.

어쩌면 어린이에게 이렇게 말할 수 있을 것이다. "너도 다른 애가 너한테 그렇게 하면 싫지, 그렇지?" 하지만 정말로 다른 애가 자신의 아이한테 그렇게 한다면 뭐라고 말할까? 아마 이렇게 말할 수도 있겠다. "그건 규칙이야. 우리가 그 규칙을 잘 지켜야 모두 행복하게 살 수 있는 거란다." 그렇다면야 두 말 할 나위 없이 좋은 일이다. 하지만 그게 그렇지 않으면 어떻게 하는가? 만일 다른 아이들이 규칙을 지키지 않으면 어떻게 해야 하는가? 이쯤 되면 더 이상의 대화를 포기하고 그건 무조건 그렇게 해야 하는 거라고 일축해버릴 수도 있다. 어린이가 우리의 말을 이해하건 말건 상관없다. 하지만 왜 다른 사람을 공정하게 대해야 하는지에 대해 충분히 납득할 만한 대답을 어른이라고 해서 알고 있는 것일까? 어째서 어린이건 어른이건 폭력을 사용해서는 안 되는 것일까?

윤리적 행동의 근거를 찾아보려는 시도는 자주 한계에 부딪힌다. 어린이와 그 문제에 대해 얘기할 때는 더더욱 그렇다. 물론 현대 철학은 윤리적 행위를 논증적으로 해명할 수 있는 탁월한 이론들을 제시하고 있다. 하지만 그런 철학적 설명이란 것이 대개는 생동감 있는 관찰이나 직관과는 거의 무관하게 매우 추상적인 차원에서 이루어지기 때문에 어린이에게는 적당하다고 할 수 없다. 거기에서는 모든 직관에 맞서는 논증이 전개되며 현실에 맞서는, '실제와 충돌을 일으키는' 윤리의 중요성이 정당화되고 있을 뿐이다.[22]

윤리적 행동을 이론적으로 합리화하려는 시도는 어린이의 윤리적 물음에 아무런 영향을 미치지 못하는 반면, 어린이 주변의 어른들이 일상 속에서 보여주는 구체적인 삶의 자세, 삶의 태도는 어린이에게 어떤 윤리적 입장을 비교적 생생하게 구현한다. 일례로 다른 사람이나 동물 등을 배려하는 행동은 그 생명을 감지하는 특정한 방식과 관련된다. 그것을 소중하게 여기기 때문에 사려 깊게 대할 수 있는 것이다.

　이것이야말로 윤리적 행동의 구체적 동기라 할 수 있으며, 이렇게 삶과 깊이 연루된 윤리적 동기야말로 윤리 교육의 핵심이다. 여기서 중요한 것은 삶을 대하는 태도, 즉 이 세상을 어떻게 보고 해석하느냐 하는 것이다. 종교가 그런 윤리적 동기의 유일한 원천은 아니다. 하지만 우리가 도덕이나 정의의 문제를 설명하는 과정에서 어떤 식으로든 종교적 물음과 맞닥뜨리게 된다는 사실, 종교가 그런 윤리적 입장의 형성에 다양한 방식으로 기여해 왔으며 앞으로도 그럴 것이라는 사실만큼은 이론의 여지가 없다. 하지만 종교가 바로 이 도덕 교육이라는 이름으로 남용될 때도 많았다는 사실을 묵과해서는 안 된다. 부모의 권위를 내세우고 그것을 종교적으로 고양하기 위해서 의도적으로 "모든 것을 보시고, 모든 것을 처벌하시는" 하나님에 대한 관념을 이용하던 때가 있었다. 심지어 지금도 그런 일이 벌어지고 있다. 그 결과, 처벌에 대한 두려움에서 기인하는 노이로제 증상이 나타나는 경우가 흔히 있다.

　이렇게 경계할 만한 왜곡된 종교 교육의 사례에도 불구하고 변하지 않는 사실은 삶에 대한 총체적 이해와 포괄적 해석이라는 의미에서 '종교적'이라고 할 수 있는 인생관과 세계관이 모든 윤리 교육의 기반이 된다는 사실이다. 오히려 그 왜곡된 형태를 피하기 위해서라도 우리는 더욱 적극적으로 물어야 한다. "앞으로 우리 아이들도 꼭 이어받았으면 좋겠다고 생각할 만큼 '우리 자신에게 요지부동한 인생관'은 과연 어떤 것인가?"

왜 어떤 아이는 다른 종교를 믿어요?―다른 종교에 대한 물음

이른바 다문화 사회 혹은 다종교 사회에서 성장하는 아이들은 불가피하게 다른 종교를 믿는 아이들과 만나게 된다. 그리스도교 문화권에서 자라는 어린이가 그리스도교 이외의 다른 종교에 속하는 어린이 혹은 아무런 종교에도 속하지 않은 어린이와 함께 어울리는 일은 이제 전혀 생경한 일이 아니다. 유치원에만 가도 종교적 배경이 다른 어린이들과 만나고, 아무리 늦어도 초등학생쯤 되면 반드시 그런 상황과 맞닥뜨리게 된다. 대중 매체도 어린이에게 이슬람이나 힌두교 같은 낯선 종교에 대해 어떤 강렬한 이미지를 전달하는 데 한몫 하는데, 상당히 왜곡된 이미지가 유포되는 경우도 적지 않다.

이러한 만남 때문에―이따금씩 현장 보도에 오르내리는 것처럼―어린이들이 누구의 하나님이 더 '옳으냐' 더 '나으냐'를 놓고 서로 다투게 되는 것은 아니다. 물론 그런 일이 벌어질 때도 있다. 하지만 대부분의 어린이들은 먼저 질문이 떠오르게 마련이다. 그릴 때 어른들은 그런 질문과 씨름하는 어린이를 무관심하게 내버려둬서는 안 된다. 다른 사람들의 종교, 이른바 '외래' 종교가 낯선 것 중에서도 가장 낯선 것으로 느껴지고 있는 상황은 교육학적으로 상당한 고민거리다. 그 낯선 종교가 지속적인 편견의 대상이 될 수 있기 때문이다. 낯선 것에 대한 적대감은 피부색의 차이만이 아니라 문화나 종교의 다름에서 유발되기도 한다.

종교 간의 평화 없이는 세계 평화도 없다는 한스 큉의 주장은 과장된 감이 없지는 않다.[23] 하지만 독일에서 타민족 어린이를, 예를 들어 이슬람 문화권에서 온 어린이를 편견 없이 수용하고 인정하기 위해서는 그 어린이가 속해 있는 종교와 신앙의 전통을 지나쳐버릴 수 없다는 사실만큼은 이론의 여지가 없다. 그러므로 단순히 '문화'의 다양성만 염두에 둔 교육만으로는 불충분하다. '종교' 간의 상호성을 고려하는 교육으로 이를 보완하지 않으면 안 된다. 다른 종교와 만나면서 성장하는 어린이들에게는 단순히 다른 종교의 전통을 이해시키는 차원을 넘어, 어린이가 스스로에게 던지는 질문까지 고려한 교육이 필요하다. 왜 어떤 사람은 알라를 믿는지 묻는 어린이는 자기 가족의 신앙에 대해서 묻고 있는 셈이다. "그러면 우리는 뭐죠? 우리는 뭘 믿어요?"

이번 장에서 논의한 것들을 요약해 보자. 지금까지 우리는 어린이들의 다섯 가지 '중대한' 질문을 살펴보았다. 어린이가 우리에게 직접 질문을 던질 때도 있고, 어린이가 말로는 묻지 않아도 우리가 그 질문 앞에 서게 될 때도 있다. 그 다섯 가지 질문은 어린이의 성장과 밀접한 관련이 있으며, 간접으로라도 종교적인 해답을 기대하는 질문들이었다. 이 질문들을 그냥 지나쳐버릴 수 없다는 점도 분명해졌다. 특히 우리가 어린이의 참된 행복을 추구하고, 우리의 교육이 책임 있는 교육이 되기 위해서는 그 질문들을 진지하게 받아들여야 한다.

바로 이런 맥락에서 "어린이에게 종교가 필요한가?"라는 물음이 결정적으로 중요하다. 이 물음은 종교 교육이 단순히 교회나 신학의 관심사가 아니라는 사실을 환기시킨다. 이 물음에는 모든 교육이 결코 외면할 수 없는 어떤 중요한 차원이 내재되어 있다. 또한 이 물음은 필요함과 불필요함의 구분을 뛰어넘을 것을 요청한다. 가령 어린이가 나중에 좋은 직장을 얻고 성공하기 위해 필요한 목록에는 끼지 않더라도, 근본적으로 그것과 다르며 그것을 훨씬 넘어서는 차원도 어린이의 성장을 위해서 반드시 필요한 것이다.

종교 교육이 어린이의 자아 형성을 방해하는가

어린이에게 종교의 권리가 있다고 주장하는 사람은 그 권리를 인정하려 들지 않는 사람의 반론도 유념해야 한다. 그 반론이란 종교 교육이 어린이의 자유를 제한하고 자연스러운 발달을 침해하는데 어린이의 종교 권리를 운운하는 것은 가당치도 않다는 주장이다. 이 비판의 목소리는 오늘날 교육의 핵심 과제로 간주되는 어린이의 자아 형성과 관련해 더욱 거세지고 있는 듯하다. 이러한 반론에 직면하여 우리는 어린이의 자아 형성Selbstwerdung(자기 되어가기)과 종교의 관계를 살펴보지 않을 수 없다.

아동심리학에서 말하는 '자아 형성'이란 어린이가 자기 자신을 주체적인 인격체, 자기만의 목표가 있고 그것을 달성하기 위해서 직접 뭔가를 할 수 있는 인격체로 경험하는 것이다. 자아 형성이란 자기만의 독특함, 자유로움, 독자적인 행동 능력의 획득을 의미한다. 따라서 자아 형성은 건강한 정신 발달의 핵심이다.[24]

그런데 종교 혹은 종교 교육이 이러한 자아 형성에 방해가 된다는 의견이 끊임없이 제기되고 있다. 종교 교육이 어린이에게 줄 수 있는 두려움과 속박을 지적하는 사람도 있고, 어린 시절 자기가 직접 그런 문제를 경험한 바 있다고 말하는 사람도 있다. 그래서 우리는 지금부터 종교 교육이 정말로 어린이의 자아 발달에 심각한 장애가 되는지 살펴보려고 한다. 이 물음과 제대로 씨름하지 않고서 종교 교육을 변론한다면 그것은 매우 무분별하고 무책임한 일이 될 것이기 때문이다. 따라서 어린이에게 종교의 '권리'가 있다고 주장하기 위해서는 먼저 다음과 같은 물음에 긍정적인 대답을 할 수 있어야 한다. "어린이가 참된 자기가 되어가는 데 종교 교육이 기여할 수 있는가? 종교가 어린이의 자율적인 자아 형성을 도울 수 있는가?"

오늘날 많은 사람들이 종교 교육을 있으나마나한 것으로 여기거나 기껏해야 개인적인 문제로 간주하는데, 이것은 종교가 인간의 건강한 발달에 근본적인 도움을 주지 못한다는 생각이 전제되어 있기 때문이다. 종교가 정말 도움이 된다고 믿는다면 종교 교육을 아예 포기하거나 개인의 판단에 맡겨버리지는 않을 것이다. 그러므로 종교 교육과 자아 형성의 관계를 규명하는 작업은 어린이에게 종교 교육이 필요한지의 여부를 따져보는 데 도움이 된다.

하나님 중독과 카스파 하우저 증후군

종교 교육이 '하나님 중독'을 초래할 수도 있다는 두려움이 널리 퍼져 있다. 이 두려움의 진원지로 가장 먼저 꼽히는 것이 정신분석학자 틸만 모저Tilmann Moser의 책 《하나님 중독》이다.[25] 이 '하나님 중독'이라는 표현도 그가 만든 말이다. 하지만 틸만 모저 외에도 자신이 종교 교육으로 인한 피해에 지속적으로 시달리고 있음을 글로 발표한 작가들이 많다. 프릿츠 초른, 유타 리히터, 모니카 셰퍼, 다그마 셰르프 등이 그런 경우다.[26] 그들의 책에서 종교 교육은 어린이들이 가능하면 피해야 할 '위험 요소'로 간주되고 있다.

도대체 '하나님 중독Gottesvergiftung'이라는 비난조의 말은 정확히 무슨 뜻인가? 일차적으로 이 표현은 어린이를 교묘하게 통제하고 조종하기 위해서 하나님을 끌어들이는 교육, 어린이를 부자유하게 하는 교육을 말한다. 가장 대표적인 것이 벌주는 하나님의 이미지로 어린이에게 겁을 주는 것인데("하나님은 모든 걸 알고 계신다!"), 어른들은 이런 방식으로 어린이를 통제할 가능성을 극대화할 수 있다. 어린이는 부모가 없는 곳에서도 누군가 자기를 감시하고 있다고 느낀다. 경우에 따라서는 이것이 심각한 열등감의 원인이 되기도 한다. 어린이가 자기의 행동, 자기 노력의 성과가 하나님의 기대에 못 미친다고 느낄 때 이런 열등감이 싹튼다.("뭐 하나 제대로 하는 게 없구나! 너, 하나님 앞에서 도대체 뭐라고 할래?") 또한 종교 교육이 야기하는 성性 도덕의 경직성, 노이로제에 가까운 부자연스러움("착한 아이는 그런 짓 안 하는데!")에 대해서도 말이 많다.

여기에 대한 우리의 입장은 분명하다. 그런 식의 교육 또는 종교 교육은 어린이에게 큰 폐해를 주며, 어린이의 건강한 발달에 장애를 가져온다. 그러한 종교 교육은 결코 정당화될 수 없다. 그런 종교 교육이 횡행하는 곳에서는 어린이의 종교 '권리'를 부르짖을 것이 아니라, 그런 왜곡된 교육으로부터 어린이를 '보호'하는 데 주력해야 마땅하다.

'하나님 중독'이라는 상징적 표현은 정도의 차이는 있지만 결국 하나님을 어떤 전능한 감시자 혹은 심판관으로 내세우는 종교 교육을 가리킨다. 하지만 그런 류의 종교 교육을 지금의 교육 현실에서도 찾아볼 수 있냐고 되묻는 사람들도 있다. 요즘도 하나님에 대해서 그런 식으로 말하는 어른이 얼마나 될까? 물론 지금도 심리학자들은 왜곡된 종교 교육으로 인한 피해 증상을 보이는 어린이나 어른의 사례들을 보고하고 있다.[27] 그러므로 '하나님 중독'의 지속적인 위험성을 부정하려는 것은 잘못이다. 하지만 그와 동시에, 위에서 언급한 틸만 모저 등의 작가들이 성토의 대상으로 삼은 것은 명백히 과거의 종교 교육이라는 사실도 간과해서는 안 된다.(이 부분은 한국의 종교 교육 현실과는 사뭇 다른 유럽의 현실,

특히 독일의 상황이 전제된 주장임을 지적해 둔다.—옮긴이) 그들이 문제삼고 있는 것은 요즘 어른들의 어린 시절이지, 오늘날 어린이들의 어린 시절이 아니다. 더욱이 최근 몇십 년 사이의 교육 현실, 특히 가정 교육의 현실은 근본적으로 달라졌다. 어린이의 복종에 대한 기대, 어린이가 잘못했을 때 받아야 할 처벌에 대한 이해도 크게 달라졌다. "명령과 복종의 교육에서 타협의 교육으로"는 교육 스타일의 변화와 관련하여 최근 독일에서 많이 인용되는 문구다.[28] 상황이 이렇게 급격히 달라졌는데도 여전히 '하나님 중독'을 우리 시대 종교 교육의 일차적이고도 가장 중대한 문제로 꼽아야 하는가? 오히려 지금은 종교를 무시하고 소홀히 여기는 것이 문제 아닌가? 이제는 종교적 '카스파 하우저' 증후군이 과거 '하나님 중독'만큼 큰 문제가 아닌가? 아니 어쩌면 그보다 심각한 문제가 아닌가?

'하나님 중독'의 문제는 이제 종교적 '카스파 하우저' 증후군에 의해서 상당 부분 와해되었다. 종교적 '카스파 하우저' 증후군이란 종교적 질문에 관한 한 철저하게 혼자 내버려진 어린이의 상황을 가리킨다. 종교 교육의 관점에서 볼 때 지금까지도 소재가 정확히 확인되지 않은 감옥에서 홀로 고립된 채 자라야 했던 카스파 하우저 Kaspar Hauser의 운명은 삶과 죽음에 대한 질문, 신앙과 하나님에 관한 질문이 있어도 엄마 아빠나 다른 어른의 관심과 도움에 의지할 수 없는 어린이의 경험과 상응한다. 이 경험이 어린이의 종교적 발달에 어떤 영향을 미치는가? 이 물음에 답하기 위해서는 다시 한 번 유아기 초기의 종교적 경험에 대해 생각하고 넘어갈 필요가 있다.

이미 앞에서 언급했듯이, 현대 심리학은 어린이들이 일찍부터 '종교적 경험'이라 부를 만한 경험을 한다는 사실을 우리에게 가르쳐준다. 처음부터 어린이가 그런 경험을 표현할 수 있는 것은 아니다. 다시 말해 그 경험을 하나님이라는 단어와 연결시킬 수 있는 단계는 아직 아니다. 그럼에도 종교의 경험적 뿌리는 유아기 초기의 경험에 있다.[29] 특히 어머니와 하나됨의 경험, 이른바 어머니와의 융합도 그런 경험의 하나로 꼽을 수 있다. 또 어린이가 부모를 한없이 크고 강한 존재, 심지어 전능한 존재로 느끼는 경험도 같은 맥락에서 생각해볼 수 있다. 이런 느낌과 경험은 아늑함의 감정과 결합할 때도 있지만, 홀로 버려짐에 대한 근원적 두려움과 결합하기도 한다. 좀더 큰 존재, 자기를 품어주고 보호하는 존재에 대한 인간의 동경은 유아기 초기에 이루어지는 종교적 경험의 유산이다.

어린이는 자라면서 이러한 경험이나 동경을 언어적 개념 혹은 우연히 알게 된 이야기와 연결시키기 시작하고, 한 걸음 더 나아가 직접 그 이야기에 뭔가를 더 첨가하거나 새로운 이야기를 만들어내기도 한다. 그래서 어린이에게 하나님에 대한 이야기를 들려주면, 어린이는 어떤 식으로든 그 말이 무엇을 뜻하는지 이미

'알고 있다.' 이것은 '하나님'이라는 말이 어린이의 유전 인자 속에 이미 들어 있다는 뜻이 아니다. 그 단어를 한 번도 들어보지 못한 어린이가 불쑥 하나님에 대한 이야기를 꺼낼 수는 없다. 하지만 어린이에게 하나님에 대한 이야기를 들려주면 어린이가 이 세상에 태어난 직후 경험한 것들—자기를 품어주고 보호해 주는 존재에 대한 동경이나 경험—이 하나님이라는 단어와 맞물린다. 이렇게 해서 어린이는 자기의 유아기 체험에 하나의 언어를 부여할 수 있게 된다. 어린이의 발달, 나아가 인간 존재의 모든 발달 영역이 이와 같은 방식으로 소통의 대상이 된다. 다시 말해 경험과 언어가 서로 짝을 이루고 서로 영향을 주고받는 것이다.

만약 어린이가 아무런 종교 교육도 받지 못한다면, 하나님에 대한 이야기도 전혀 듣지 못하고, 하나님에 대해 대화를 나눌 수 있는 여건도 주어지지 않는다면 어떤 일이 벌어질까? 종교 교육을 받지 못했다 하더라도 유아기의 경험, 즉 우리가 종교적인 경험이라고 부르는 것은 엄연히 존재한다. 그것은 특정한 교육과 연계된 경험이 아니라 어린이됨 그 자체에 속한 것이다. 종교 교육의 부재로 인해 차이가 나는 것은 언어의 영역이다. 종교 교육 없이는 그런 경험이 언어와 만나지 못하기 때문이다. 그렇게 되면 경험은 무의식의 영역을 벗어나지 못하며 그 경험에 대한 의사소통도 이루어지지 못한다.

어린이들이 판타지의 세계, 대중 매체의 세계에 쉽게 빠져든다는 사실은 잘 알려져 있다. 종교 교육이 없는 상태에서 대중 매체가 어린이의 성장에 어떤 영향을 미치는지에 대해서는 아직까지 이렇다 할 연구 결과가 없다. 하지만 예전에는 성경이 했던 기능을 요즘은 대중 매체 속 이미지나 상상의 세계, 예컨대 선과 악이 격돌하는 장면 등이 떠맡고 있다고 봐도 무방할 것이다. 이렇게 대중 매체도 어린이에게 다양한 이미지와 캐릭터와 언어를 제공하는데, 유아기의 종교적 경험이 이런 것들과도 유착될 수 있다. 이른바 판타지 게임에서는 세계의 모든 나라들이 혹은 우주의 여러 세력들이 서로 경합을 벌인다. 대중 매체나 그 밖의 상업주의 기업들이 어린이들의 눈앞에 펼쳐놓는 장난감들도 이와 유사한 속성을 지니고 있다. 선의 화신이 있는가 하면, 세상의 파멸을 획책하는 신비스러운 악의 화신도 있다. 유아기의 종교 경험이 대중 매체에서 연출하는 공상적 이미지의 도움을 받아 표출된다고 할 때 어떤 결과가 나타날지 아직은 자세히 알 수 없지만, 종교를 통해 전승된 이야기들의 교육학적·심리학적 의미는 명확하게 드러난다. 종교의 전통이 보존하고 있는 수많은 이야기들은 어린이의 종교적 발달과 자아 형성의 밑바탕이 되는 상징 언어와 이야기 세계를 구축하고 있는 것이다.

안타깝게도 명시적으로 종교적 입장을 표방하는 교육의 종언이 점점 현실화되고 있는 상황에도 불구하고, 심리학적으로 깊이 있는 연구가 이루어지지 않고 있다. 그런 이유에서 우리는 소통의 무대 위에 오르지 못한 종교적 관념, 혹은 대중 매체의 대체 이미지에 유착된 종교적 관념의 세계에서 어떤 문제들이 발생하는지에 대해서는 아는 것보다 모르는 것이 더 많은 실정이다. 하지만 그로 인해 어린이의 자아 형성에 지속적인 장애가 생겨날 것이라는 사실만큼은 충분히 추측할 수 있다. 아무런 목표도 없는 막연한 그리움, 적절한 언어적 표현의 가능성을 찾지 못한 채 스스로 전능하다고 느낀다든지 반대로 아무것도 할 수 없다고 생각하는 것, 근원적인 아늑함에 대한 갈망, 외로움에 대한 모호한 두려움, 이 모든 것이 종교 교육이 소거된 자리에서 나타날 수 있는 부작용이다. 이 부작용에 대해서 좀더 살펴보도록 하자.

종교 교육의 변화와 어린이의 성장 환경의 변화를 직시한다면, 이제는 '하나님 중독'의 위험성을 경고하는 것만으로는 충분하지 않다. 지금 시대는 종교 교육을 너무 많이 하는 것이 문제가 아니다. 종교 교육이 너무 부족하고, 종교적 경험이 언어적 표현과 만나지 못하며, 그 경험을 다른 사람과 함께 나누지 못하는 것이 더 큰 문제다. 그로 인해 어린이의 건강한 발달이 위협받고 있는 것이다. 그런 이유에서 '하나님 중독' 못지않게 종교적 '카스파 하우저' 증후군도 경계해야 한다고 말하는 것이다. 여기서 카스파 하우저는 온전한 성장을 위해 없어서는 안 될 기본적인 관심과 보조가 결여되어 있는 어린이를 가리킨다. 카스파 하우저는 자기에게 말을 걸어오는 사람도 없고 함께 얘기를 나눌 사람도 없어

결국 언어에 이르는 길을 놓쳐버린 어린이다.

마지막으로 종교적 사회화에 대중 매체가 어떤 영향을 미치는지 살펴볼 필요가 있다. 어린이들은 하나님을 첨단 과학으로 무장한 초능력 영웅으로 생각하는가? 예수는 제2의 루크 스카이워커(영화 〈스타워즈〉의 캐릭터—옮긴이) 같은 우주를 구할 젊은 영웅인가? 물론 다음과 같은 가능성도 생각해 볼 수 있다. 어린이들도 대중 매체의 속성을 간파하고 있어서, 대중 매체를 통해 유포되는 이미지들이 어린이들에게 별다른 종교적 영향력을 행사하지는 못할 거라고.

판타지와 이야기를 통한 자기 형성

최근 몇십 년 사이, 사회학적인 어린이 연구의 분야에서는 가히 혁명적이라 할 만한 의식의 변화가 일어났다. '새로운 어린이 연구neue Kinderforschung'라는 말이 나오는 것도 이 때문이다. 이 새로운 연구 방식의 특징은 어린이를 단순히 교육의 대상이 아니라 '자기 발달의 주체/저자'로 이해하는 것이다.[30]

이제 아동기의 자아 형성은 어린이 자신의 주체적인 노력의 성과로 파악하고 있으며, 여기에서 어린이 스스로의 상상과 자기 이미지 구성이 결정적인 역할을 한다. 다 큰 어른만이 아니라 어린이도 자기 자신에 대한 특정 이미지를 갖고 살아간다. 어린이는 자기 정체성의 설계도, 다시 말해 자신이 어떤 사람이 되고 싶고 또 어떤 사람이 될 수 있는지 여러 상상을 하며 살아간다. 그래서 어린이의 자기 형성은 판타지와도 매우 밀접한 관련이 있다. 판타지는 정체성 형성과 관계된 여러 가지 이미지와 관념을 제공하면서 어린이의 자아 형성을 돕는다. 그러므로 어린이의 판타지는 지난 시절의 통념처럼 어떤 무의미한 것, 필요에 따라서는 없어도 그만인 것이 결코 아니다. 오히려 판타지는 건강한 발달의 기본 조건에 포함된다. 따라서 어린이의 발달을 고려할 때 판타지의 세계를 무시할 것이 아니라 적극적으로 계발할 수 있도록 도와야 한다.

미국의 아동학자 다니엘 스턴Daniel N. Stern이 쓴 《어느 꼬마의 일기》는 어린이에 대한 인식 변화에 결정적인 기여를 했다. 그 일기에서 우리는 어린이의 판타지 이야기와 관련된 아주 생생한 사례들을 접하게 된다. 그 중 한 부분을 소개한다.[31]

네 살쯤 된 어린이 조이Joey가 다니엘 스턴과 대화를 나누고 있다.

다니엘 : 자, 조이. 어제 도대체 무슨 일이 있었니?

조이 : 사자랑 놀았어요. 내 방 벽 있는 곳에 사자가 살아요.

다니엘 : 어, 그래?

조이 : 네, 아주 노랗고 큰 사자예요. 엄청 커요! 근데 나쁜 사자는 아니에요. 착한 사자예요. 우리 엄마 아빠는 얘가 나오면 안 된다고 했어요. 그래서 내 침대 밑에 숨어 있어요.

다니엘 : 침대 밑에?

조이 : 내 침대 밑이 사자 우리예요. 그 우리에서 아주 천천히, 빙글빙글 돌아다녀요. 혼자라서 그렇게 천천히 기어 다녀요. 어제는 춤도 추고 노래도 했는데, 손하고 꼬리로 벽하고 침대 다리를 치면서 노래했어요.

다니엘 : 정말?!

조이 : 네, 사자는 아주 긴 노래를 불렀어요. 어렸을 때 얘기, 막 싸운 얘기도 했어요. 그런데 무시무시한 폭풍이 불어와서 모두 엉망으로 만들었대요. 폭풍이 모두 날려버렸대요. 정말 그렇게 노래를 하루 종일 불렀어요. 지칠 때까지. 그러더니 사자는 잠자러 갔어요.

다니엘 : 대단한데!

조이 : 그런데 엄마 아빠가 들어오면 노래를 안 해요.

다니엘 : 그래?

조이 : 네, 아침에만 그 사자를 볼 수 있어요. 하지만 어떤 땐 밤에도 볼 수 있어요. 하지만 사자는 아침을 제일 좋아해요.

스턴은 조이가 당일 겪었던 문제와 조이의 이야기 사이에 분명한 연관성이 있음을 지적하고 있다.

이야기에서 공격성과 분노, 홀로 있음과 슬픔, 화해 등의 요소가 활발하게 표출되고 있는 것은 어제 일어난 특별한 사건 때문이다. 어제 조이는 여동생 티나를 때렸고 엄마 아빠는 조이에게 방에 들어가 나오지 말라고 했던 것이다.

이야기 속의 사자는 이런 상황에서 조이가 자기의 경험을 소화하고 극복하는 데 도움을 줄 수 있다. 이때 어린이 자신의 적극적인 역할이 두드러진다. 일단 어떤 이야기를 그려내는 것 자체가 어린이의 능력이라고 할 수 있다. '경험의 세계'를, 말하자면 '안쪽을 바깥으로' 까뒤집어 놓는 것, 이것이 첫걸음이다. 조이에게 일어난 일이 이제 사자에게도 일어난다. 사자도 한바탕 싸운 것 때문에 벌을 받는데, 조이가 방에서 못 나가는 것과 마찬가지로 사자도 아이의 판타지 속에서 침대 밑 우리에 갇혀 있다. 결국 이 사자는 방 안에 갇혀 외로운 시간을 보내고 있는 조이의 벗이 되어주고 있는 것이다.

  이 이야기를 통해서 어린이가 어떤 특별한 경험을 소화하고 극복하는 데 판타지가 얼마나 중요한 역할을 하는지 알 수 있다. 바로 이 맥락에서 또 한 가지 측면을 볼 수 있다. 그것은 이 사자가 조이에게 동일화의 모델, 즉 크고 강하면서도 '전혀 나쁘지 않은' 모범적 형상이라는 점이다. 이 사자도 한때는 '아직 어려서' '싸움'을 하기도 했다. 다분히 암시적이기는 해도 이 사자가 어린이의 자아 형성에 하나의 모델이 되고 있다는 것이 비교적 분명하게 나타난다. 걸핏하면 싸우는 꼬마 사자에서 크고 강하되 나쁘지 않은 사자가 되는 가능성 말이다.

조이가 이처럼 소중히 여기는 사자는 대체 어디에서 온 것일까? 두말할 것도 없이 조이의 판타지에서 온 것이다. 이런 의미에서 어린이는 '자기 발달의 저자'이다. 하지만 그 판타지는 어린이가 모든 상상의 세계를 직접 창작한 것에서 비롯되는 것은 아니다. 스턴도 밝히고 있지만, 조이는 그림책에 나오는 사자를 보고 그에 착안하여 자기만의 창조적인 상상력을 펼쳐나갈 수 있었다. 이것을 다음과 같이 일반화할 수 있을 것이다. "판타지는 어린이가 이미 알고 있는 어떤 이미지나 이야기를 활용하여 거기서부터 독창적인 이야기나 이미지를 직조해 나아간다."

이렇게 판타지와 자아 형성의 밀접한 관계를 추적하다 보면, 위에서 이미 언급한 브루노 베텔하임의 주장, 즉 어린이에게는 이야기가 필요하다는 주장과 다시 만나게 된다. 그리고 베텔하임식으로 옛 이야기에만 집중하는 것은 너무 협소한 견해라는 사실을 다시금 확인하게 된다. 어째서 성경의 이야기들은 어린이의 자아 이미지, 세계 이미지의 구성에 도움을 주기에는 적합하지 않다고 주장하는지 납득이 되지 않는다. 종교 교육학자 잉고 발더만Ingo Baldermann이 누구보다 분명하게 밝혀낸 것처럼, 성경의 이야기들은 희망으로 가득 찬 미래를 보여줌으로써 어린이의 자

아 형성에 결정적인 기여를 하는 희망의 이야기들이다.[32]

조이의 사자 이야기에서 판타지가 어린이의 일상 세계와 현실을 훌쩍 뛰어넘을 때가 종종 있다는 사실을 확인할 수 있었다. 그런 점에서 판타지는 인류의 역사 속에 보존되어 온 신화들과 유사하다. 강력한 존재, 초인적인 힘, 착한 사람들과 악한 사람들의 끊임없는 투쟁이 있다. 이 이야기들의 공통된 주제는 인간의 근원적인 갈등과 근원적인 경험이다. 바로 그 점 때문에 이야기는 우리 삶에 큰 도움이 된다. 교육학자 라인하르트 파트케Reinhard Fatke는 이것을 다음과 같이 설명한다.

어린이가 직접 지어낸 이야기에서 엿볼 수 있는 것처럼 어린이의 판타지는 사회심리학적 상황과 결부된 문제들—권위와의 충돌, 경쟁에 대한 두려움 등—이 팽팽한 긴장 속에서 각축을 벌이는 공간이며, 어린이는 점점 나이가 들고 경험이 많아지면서 나름대로 그 문제들을 해결하고 '해소'하려는 노력을 보인다. 그러므로 어린이의 이러한 표현 형식, 가령 판타지 이야기를 지어내는 것은 어떤 '가능성 탐색 작전' 같은 것이다. 어린이에게 좀더 나아 보이는 가능성, 충분히 현실이 될 수도 있는 가능성을 찾아나서는 탐색 작전이 진행중이다.[33]

어린이가 그런 판타지 세계를 매우 현실적으로 받아들이는 것이 어른에게는 낯설게 느껴질 때가 많다. 어린이들도 그 판타지의 세계가 현실은 아니며 진짜로 그런 게 있는 것은 아니라고 생각한다. 하지만 어떻게 된 것인지 아이들에게 판타지란 살아있는 것이며, 그 형상들과 생각을 교환하고 친밀한 관계를 맺을 정도로 중요한 역할을 한다.

영아기의 발달 과정을 집중적으로 연구한 아동심리학자 위니콧D.W. Winnicott은 이와 관련하여, 단순한 사실도 아니고 단순한 상상도 아닌 '중간 영역'에 대해 말한다. 현실과 판타지 사이에 그 두 가지, 즉 실제적인 것과 판타지의 세계가 서로 뒤엉키며 섞이는 영역이 있다는 것이다. 위니콧이 보기에 이 중간 영역은 영아기의 산물이다. 외부 세계가 자기 자신과 분리되어 동떨어진 채 존재한다는 사실을 아이가 의식하게 될 때 이 중간 영역이 생성된다.[34] 지금까지 우리가 논의한 것을 염두에 둘 때, 어린이가 그 중간 영역을 어떻게 활용하느냐에 따라 어린이의 자아 형성이 크게 좌우될 수 있다는 위니콧의 주장은 매우 의미심장하다. 위니콧에 따르면, 어린이는 외부 현실과 맞닥뜨리는 데 필요한 새로운 힘을 길어 올리기 위해 그 영역을 활용한다. 더욱이 이 중간 영역은 어린이가 훗날 이 세상과 맺는 종교적 관계의 근원, 또 예술과 창조성의 근원으로 이해할 수 있다는 것이다.

이렇게 볼 때 어린이의 자아 형성과 판타지, 종교, 창조성은 서로 떼려야 뗄 수 없는 관계이다. 어린이의 자아 형성에서 어린이의 적극적인 역할에 비중을 둘수록 어린이의 자아와, 이 세계에 대한 나름대로의 이미지와 표상을 내포하고 있는 판타지, 종교, 창조성의 중요성은 그만큼 더 두드러진다.

어린이의 발달 과정 속에 나타난 종교

지금까지 우리는 종교 교육의 결핍이 초래할 수 있는 여러 가지 문제점들을 짚어보았으며, 어린이가 '자기 발달의 주체'라는 점도 분명히 밝혔다. 특히 이야기와 신화와 종교의 지평에서 어린이의 자아 형성과 어린이의 판타지 사이에는 매우 밀접한 연관성이 있는 것도 살펴보았다. 우리는 이제 여기서 한 걸음 더 나아가 아동기의 종교적 발달을 집중적으로 살펴보려고 한다. 만일 아동기의 종교가 나름대로의 발달 과정을 거친다면, 그 종교적 발달도 자아 형성이나 인격 형성의 한 차원이며, 인격의 다른 차원들과 마찬가지로 잘 계발될 수 있도록 도울 수 있고 또 그래야만 할 것이다.

최근 들어 아동기의 종교 발달과 관련하여 많은 연구가 있었고, 그 연구 성과를 토대로 다양한 이론 작업이 이루어졌다. 이에 대해서는 이미 다른 책을 통해 자세히 살펴본 바가 있다.[35] 여기에서는 지금 우리의 논의와 관련해 결정적으로 중요하다고 생각하는 몇 가지만을 소개해 어린이의 자아 형성과 종교적 발달의 관계를 조명하고자 한다. 네 가지 발달 단계를 따로 구분해 설명해 보겠다.

첫째, 앞에서 우리는 종교적 발달이 이미 영아기 때부터 시작된다는 현대 심리학의 주장을 받아들였다. 영아와 부모의 관계에서 이루어지는 최초의 신뢰감 형성—이른바 원초적 신뢰 혹은 근원적 신뢰—은 훗날 하나님에 대한 신뢰 혹은 이 세상에 대한 희망의 토대가 된다. 이 신뢰의 단계는 아직 언어 이전의 영역인데, 심리학에서도 이 영역은 오직 훗날의 회상을 통해서만 접근할 수 있는 영역이다. 이 시기에는 분명하게 드러나는 종교적 표상이나 하나님의 이미지가 있는 것이 아니라 여러 가지 경험과 느낌이 있을 뿐이다. 하지만 이 시기의 경험은 계속 이어지는 종교적 발달의 과정, 심지어 성인기의 종교에도 영향을 미치는 중요한 경험이다.

둘째, 그 다음 단계는 어린이가 언어를 습득하는 시점에서 학교에 입학하기 전까지의 시기인데, 종교적인 관점에서도 이 단계의 가장 중요한 특징은 어린이의 판타지다. 이 시기의 어린이들은 하나님에 대한 여러 가지 표상과 이야기 속에서 생활한다. 그렇게 다양한 표상이나 이야기 사이에 아무런 연관성이 없어 보인다든지, 그 표상과 판타지의 세계를 어른들이 황당하게 여긴다든지 하는 것은 어린이들에게는 별로 심각한 문제가 아니다. 이 단계에서는 하나님도 일종의 판타지이지 어떤 차분한 생각의 대상이 아니다.

셋째, 어린이들은 빠르면 유치원을 마칠 때쯤, 대개는 초등학교에 입학한 뒤부터 좀더 포괄적인 질서를 추구하기 시작한다. 이 시기의 어린이들은 나름대로 체계적인 세계관을 구상하고 그릴 수 있게 된다. 이 그림에는 땅과 하늘이—거기에 때로는 지옥이—질서 있게 구성된 총체적 모습의 세계가 드러난다. 이런 그림은 위와 아래를 선명하게 나누는 고대의 세계상과 부분적으로 닮아 있다. 이런 세계상은 신화적 세계상이라고 할 수 있다. 어린이가 그리는 세계에는 천사 같은 다양한 신화적 존재들이 살고 있다. 거기서 하늘은 하나님의 집이다. 그리고 하나님은 인간의 모습, 가령 "수염 난 할아버지" 등으로 묘사된다.

넷째, 그러한 세계상과 하나님 이미지는 아동기 후반까지 지속된다. 하지만 청소년기가 되면 그 모든 것이 의심스러워진다. 무엇보다 학교에서 배웠거나 스스로 공부해서 알게 된 자연과학적 사고와 조화를 이루지 못하기 때문이다. 저 하늘 위에 하나님이 살고 있다는 식의 아동기 세계관은 자연과학적 우주관에 의해 해체된다. 이제 저 아래도 저 위도 없는 무한대의 우주가 펼쳐진다. 이로써 하늘에 있다고 생각했던 하나님의 거처는 자취를 감춘다. 아동기의 신앙과 결별하면서 하나님에 대한 물음도 달라진다.

어린이의 세계상과 밀접하게 연관된 중요한 종교적 발달이 아동기에 일어난다는 사실만큼은 확실하다. 이것을 염두에 둘 때 우리가 확실히 해야 할 것이 두 가지 있다. 먼저, 아동기의 인성 발달에 종교적인 부분도 포함되기 때문에 종교적 발달이 외면되지 않고 적극적으로 계발될 수 있도록 도와야 한다. 두 번째로 종교적 발달은 어린이의 세계상과 맞물려 있으므로 어린이의 자아 형성에도 직접적인 영향을 준다.

　이 장의 첫머리에서 살펴본 것처럼, 잘못된 종교 교육은 어린이의 자아 형성에 장애를 초래할 수 있다. 이제 그것과는 정반대되는 것처럼 들리는 주장도 나름의 타당성을 확보했다. 적절한 종교 교육의 결여 역시 어린이의 자아 형성에 문제가 된다는 것이 그것이다. '하나님 중독'이 위험한 만큼, 어린이의 종교적 '영양실조'라 할 수 있는 '카스파 하우저' 증후군 역시 위험한 것이다.

그렇다면 어떤 종교인가

지금까지 우리는 의도적으로 '종교'에 대한 정의를 유보해왔다. 우리가 말하는 종교는 이런 것이라고 분명하게 규정하지 않고 아주 넓은 의미에서 종교라는 표현을 썼던 것이다. 이러한 종교 개념에는 인간에게 궁극적인 해답이나 규범을 제시하고자 하는 모든 형태의 질문이나 삶의 지침이 포함된다.(이른바 '기능적' 종교 이해) 어린이의 종교 권리에 관해 말하기 위해서는 이런 식의 종교 이해를 피해갈 수 없다. 예를 들어 유치원이나 학교에서 종교의 권리가 수호되어야 한다고 주장할 때, 그와 동시에 종교의 자유도 보장되어야 함을 명시해야 한다. 그렇지 않으면 종교의 권리 주장이 종교의 의무, 즉 어떤 특정한 종교 단체의 회원이 되어야 하는 의무로 돌변하기 쉽다. 교육이라는 이름으로 출발하여 결과적으로는 어떤 특정한 종교나 신앙 형태에 가입하도록 만드는 일은 결코 용납돼서는 안 된다. 교육 시설의 운영에 국가가 관여하고 있다면 더더욱 그렇다.

더욱이 우리는 어린이의 종교 권리가 꼭 필요한 이유를 찾아가는 과정에서 교육학 및 교육심리학을 중요한 대화 파트너로 삼았다. 이 두 학문은 어떤 특정한 세계관에 치우치지 않고 중립을 지키는 것을 원칙으로 하고 있다. 그러므로 교육학이나 교육심리학의 지평에서 볼 때 종교의 권리도 어떤 특정한 종교 단체와 결부된 권리 주장이 아니라 '보편성'을 확보한 주장일 때에만 타당한 것으로 받아들여질 수 있다.

현대 자유민주주의 사회에서 어떤 종교적 신념을 받아들이느냐 하는 문제는 오로지 당사자에게 달려 있다. 교육의 영역에서도 신앙과 양심의 자유를 추구할 수 있는 권리가 보장되어야 한다. 부모가 자녀에게 이러저러한 종교 교육을 시켜야 한다는 의무 조항이 있어서도 안 되고, 국가가 관여하는 어떤 교육 시설, 예컨대 시에서 운영하는 유치원에서 부모의 동의를 거치지 않고 특정 종교에 입각한 종교 교육을 실행하는 일이 있어서도 안 된다.

이러한 보편적 원칙은 앞으로도 보장되어야 한다. 그러나 어린이의 종교적 발달에 적절한 방식으로 동행하는 것조차 흔쾌히 허용되지 않는 사회에서 우리는 전혀 새로운 도전에 직면하게 되었다. 한 예로 사이비 소종파의 확산을 들 수 있겠는데, 정치권도 이런 사이비 종파들이 어린이에게 끼치는 종교적 영향력을 염려한 나머지 독일 연방의회에 이 문제와 관련된 특별연구위원회를 신설하기까지 했다. 그러므로 어린이의 안녕과 복지를 위한다면, 어린이에게 과연 어떤 종교를 주선해줄 것인가 하는 문제는 결코 가볍게 다뤄서는 안 된다.

여기에서 더 깊이 생각해 보아야 할 것은 꼭 그런 극단적인 경우가 아니더라도 앞에서 이야기한 기능주의적인 종교 이해가 결국에는 추상적인 영역에 머물고 만다는 점이다. 우리의 삶을 통해 생생하게 경험할 수 있는 종교는 어떤 식으로든 특정한 종교 전통의 형체를 띤 종교, 교회와 같은 특정한 종교 공동체의 관계 속에서 드러나는 종교이다. 독일의 경우, 교회가 매개하는 그리스도교 신앙은 이미 교회에서 탈퇴한 사람들에게도 여러 가지 면에서 삶의 중요한 규범으로 자리 잡고 있다. 이것은 종교 교육에도 그대로 적용될 수 있다.

따라서 우리는 다음과 같은 입장을 분명히 할 수 있다. 어린이의 종교 권리를 추구한다면 특정 종교 공동체를 통해 실현되는 종교적 안내의 형태도 충분히 고려해야 한다. 교회나 그 밖의 다른 종교 공동체가 어린이의 권리를 어떻게 구현하느냐 하는 문제의식은 보편적인 차원에서도 중요하고, 또 바로 그렇기 때문에 교육학이나 심리학의 차원에서도 중요하다. 소극적인 면에서 보면 그와 같은 문제의식을 통해 종교 교육의 오용을 막을 수 있고,

적극적인 면에서 보면 그런 문제의식을 기반으로 어린이에게 종교적 안내를 할 수 있는 방법들이 어떤 것들이 있는지 찾아 나아갈 수 있기 때문이다.

먼저 어린이에게 적합한 종교 교육을 위한 교육학적·심리학적 기준을 하나하나 짚어보려고 한다. 그런 다음 어린이의 종교 권리가 그리스도교 신학의 입장에서는 어떻게 평가될 수 있는지 살펴볼 것이다.

어린이에게 적합한 종교의 기준—교육학과 심리학의 관점에서

오늘날에도 종교 및 양심의 자유를 전제로, 또 종교 문제에 대한 국가의 중립을 전제로 어린이에게 적합한 종교 및 종교 교육에 대한 공적인 관심이 최근 들어 새롭게 부각되었다. 독일 연방의회가 발족시킨 이른바 '소종파와 사이코 단체 전문연구위원회'는 지금까지 소홀히 지나쳐왔던 문제, 즉 사이비 종파에 빠져든 어린이와 청소년이 어떤 상황에 놓여 있는지 지적했다.[36] 아울러 "어린이나 청소년에게 종교의 이름으로 자행되는 부당한 간섭, 가해, 학대, 폭행"도 명백히 어린이의 권리를 침해하는 것이라는 점을 명시했다. 위원회의 진단은 독일의 사회복지법 제1조 8항에 근거하고 있다. "모든 어린이는 자신의 발달을 촉진시킬 수 있는 권리, 책임감 있고 공동체를 이루어 살아갈 수 있는 인격으로 교육받을 수 있는 권리가 있다."

위원회는 이 권리를 위반하는 행위가 비단 사이비 소종파에서만 일어나는 것이 아니라 다른 종교 집단이나 특정한 사회 환경 안에서도 충분히 가능한 일이라는 결론에 도달했다. 여기에서 핵심 질문은 어떤 특정한 종교나 종교 교육에 의해 '어린이의 안녕'이 위태로워질 수 있느냐는 것이다.

사이비 종파에 빠진 어린이들에 대한 실태 보고와 연구,[37] 특정 형태의 종교 교육으로 말미암은 병리 현상에 대한 아동·청소년의 심리학적 연구를 토대로 어린이에게 적합한 종교인지 아닌지 판단할 수 있는 중요한 기준 가운데 일단 두 가지를 제시할 수 있다. 적어도 이 두 가지 기준은 '어린이의 안녕'과 직결되는 문제이기 때문에 강제적 성격을 띠어야 한다. 어린이의 안녕을 고려할 때, 다음과 같은 종교 및 종교 교육은 어린이에게 결코 적합하지 않다.

· 어린이의 주체적인 결정을 근본적으로 가로막는 종교/종교 교육
　이것은 최근 대중 매체의 집중 조명을 받고 있는 극단적인 사례, 이를테면 어린이에게 꼭 필요한 특정 진료 및 치료 행위를 거부하는 것뿐만 아니라, 어린이의 학교 입학을 거부하거나 일체의 교육 활

동 참여를 불허하는 등 좀더 포괄적인 의미에서 어린이의 교육 및 자기 계발의 가능성을 침해하는 것을 뜻한다. 그 밖에도 부모님 집에서 나와 독립해 사는 것은 '신앙에 대한 배신' 또는 '하나님에 대한 배신'으로 해석될 수 있다는 이유로 독립을 전혀 허용하지 않는 부모의 종교 교육도 심각한 문제로 간주될 수 있다.[38]

· 두려움을 유발하는 교육 방식을 이용하는 종교/종교 교육
앞에서 살펴본 것처럼 하나님에 대한 특정한 이미지나 최후의 심판이 얼마 남지 않았다는 등의 이야기는 그것이 어떻게 전달되느냐에 따라서 어린이를 극도의 공포 속으로 몰아넣을 수 있다. 그 결과 어린이가 처벌에 대한 두려움, 노이로제에 가까운 양심의 가책에 시달리는 일이 잦아지고, 그 여파로 우울증이나 자살 충동이 찾아올 수도 있다.

이렇듯 '어린이의 안녕'을 명백히 침해하는 경우에는 국가의 개입, 특히 극단적인 경우에는 형법상의 조치도 필요하다. 물론 이 두 가지 기준도 일단 개별적인 사례를 세심하게 조사한 후 비로소 적용할 수 있다는 사실을 유념해야 한다. 아울러 부모의 권리도 존중해 주어야 하며, 부모의 권리에는 종교 교육의 권리도 포함된다. 지금까지 든 두 가지 기준은 어린이의 안녕을 침해하는 왜곡된 종교 교육을 방지하기 위한 것이다. 극단적인 경우에만

적용할 수 있는 이 두 가지 외에 교육학적으로나 심리학적으로 바람직한 종교/종교 교육을 판별할 수 있는 일련의 기준도 있다. 다음 세 가지가 그것이다.

· 가치관의 근거를 제시해 주는 종교

어떤 종교가 어린이의 건전한 가치관 형성에 도움이 된다면, 그 종교가 교육에 끼치는 영향은 교육학적으로나 심리학적으로 바람직한 것이라 할 수 있다. 여기서 건전한 가치관 형성이란 어린이가 자신의 개성과 자유를 마음껏 드러내면서도 더불어 사는 삶에 필요한 책임 의식을 갖는 것이다.

· 삶의 의미를 제공해 주는 종교

극단적인 상황에 처했을 때, 이를테면 생명을 위협하는 병에 걸렸을 때 과연 우리의 삶이 어디에서 와서 어디로 가는지 의문을 갖고 답을 찾는 것은 어린이에게도 단연 중요한 문제다. 그런 극단적인 상황에서 갑자기 불거져 나온 근본적인 물음이 교육의 일상에도—비록 표면에 드러나거나 말로 표현되지 않을 때가 많지만—영향을 끼친다. 삶의 의미를 묻는 어린이에게 확신과 희망을 줄 수 있는 대답은 교육학적으로도 매우 바람직하다. 이 세상은 결코 무의미한 것이 아니라는 확신을 주고, 인간의 삶과 모든 노력이 허무로 돌아가는 것이 아니라는 희망을 주는 것이다. 한편 이러한 종교적 의미 부여는 미래를 획일적으로 규정짓는 것이 아니라 열린 미래, 언제나 새롭게 일궈나갈 수 있는 미래의 모습을 제시해 주는 것이어야 한다.

· 인격발달 과정에서 어린이의 판타지와 창조성을 뒷받침해주는 종교
앞에서도 언급했듯이, 오늘날 어린이가 '자기 발달의 주체'로 우뚝 서기 위해서는 어린이의 판타지를 자극하는 이야기들이 필요하다. 또한 어린이들이 인간의 근원적 갈등 상황에 잘 대응할 수 있도록 도와주는 신화들도 필요하다. 선과 악의 격돌은 사람과 사람 사이의 관계 속에서만 일어나는 것이 아니다. 우주 차원에서도 선악의 힘겨룸이 치열하다. 신화의 세계에서도 비관과 체념으로 몰고 가거나, 마초 기질이나 폭력성을 충동하는 신화가 있는가 하면, 이 세상의 역사에 대한 진지한 해석을 통해 인간다운 삶의 희망을 주는 신화도 있다. 둘 사이의 경계선은 가늘지만 뚜렷하다.

어린이의 안녕을 위해 제외하지 않으면 안 될 것과 교육학적으로 바람직한 것을 판별하기 위해 명시한 위의 다섯 가지 기준이 어떤 특정 종교를 선정하고 그 종교만을 교육시키자는 일방적인 주장으로 비약되어서는 안 된다. 그런 식의 주장이 관철된다면 다양한 종교가 공존하는 사회에서 책임 있는 교육을 기대하기 힘들다. 가령 그리스도교 교육을 적극 표방하고 나서는 교육학이라면 그리스도교 외에 다른 종교 배경을 가진 어린이들에게는 가까

이 다가갈 수 없을 것이다. 그럼에도 위의 다섯 가지 기준은 종교 교육과 관련된 일부 견해, 일부 사이비 종파들 사이에 만연되어 있는 교육관이 어린이에게 적합하지 않음을 밝혀내고, 그것이 더 이상 합법적인 종교 교육으로 통용되지 않게 해준다. 이러한 판별 기준을 제시하는 것은 교육학적으로도 의미 있는 일이며 앞으로도 꼭 필요한 일이다.

그리스도교의 관점에서 본 어린이의 종교 권리

종교는 항상 특정한 종교 전통과 특정한 종교 공동체의 형태를 띠고 존재한다. 이를테면 그리스도교는 그리스도교 신앙 전통과 교회라는 종교 공동체를 통해 구체적으로 드러난다. 그런 맥락에서 개신교 신학자이자 종교 교육학자인 내가 그리스도교 신학의 관점을 소개하는 것은 타당한 일이다. 물론 오직 그리스도교만이 어린이와 종교의 관계를 해석할 수 있는 유일한 틀을 갖추고 있다고 주장해서는 안 된다. 다만 독일에서는 다문화·다종교의 물결 속에서도 대다수 사람들이 계속 교회의 일원으로 남아 있다는 점에서 그리스도교 전통은 여전히 특별한 의미를 지니고 있다고 볼 수 있다.

어린이에 대한 각별한 관심과 애정은 그리스도교 신앙과 신약 성서의 전형적인 특징이다. 이런 관심과 애정은 어린이의 종교 권리 및 종교 교육의 권리와도 좋은 호응을 이룬다.[39] '어린이 복음'이라는 별칭이 붙은 〈마가복음〉 10장 13~16절을 보자. 어린이에게 깊은 관심을 기울이는 이 장면에서 예수는 어린이를 한 단계 아래로 여기는 이들과 맞선다.

"어린이들이 내게 오는 것을 허락하고 막지 마라. 하나님 나라는 이런 사람들의 것이다."

고대 사회에서는 흔히 어린이를 하찮은 존재로 취급했는데, 그런 점을 감안할 때 예수의 항변은 매우 의미심장한, 가히 혁명적인 통찰이다. 예수의 이러한 입장은 어린이와 하나님 사이의 밀접한 관계가 선포되는 지점에서 더욱 첨예해진다. 〈마가복음〉 9장 37절에서 예수는 이렇게 말한다.

"누구든지 내 이름으로 이런 어린이들 가운데 하나를 영접하면, 그는 나를 영접하는 것이다. 또 누구든지 나를 영접하는 사람은 나를 영접하는 것이 아니라 나를 보내신 분을 영접하는 것이다."

이 말대로라면 하나님은 자기를 어린이와 동일시하고 있으며, 어린이를 어떻게 대하는지 보면 하나님을 어떻게 대하는지 알 수 있다는 뜻이 된다.

  복음서에서 어린이가 얼마나 긍정적인 모습으로 나타나는지는 어린이가 어른의 모범으로 소개되는 부분에서 아주 잘 드러난다. 어른들도 "어린이와 같이" 하나님 나라를 받아들여야 한다.(〈마가복음〉 10:15) "어린이들과 같이" 되지 않으면 하늘나라에 들어가지 못한다.(〈마태복음〉 18:3) 이렇듯 어린이와 진정한 신앙 사이에는 아주 긴밀한 관계가 조성된다.

  끝으로 우리가 잊지 말아야 할 것이 하나 더 있다. 신약 성서의 증언에 따르면 하나님이 직접 인간이 되었는데, 그냥 '인간'이 된 것이 아니라 먼저 '어린이'가 되었다. 이렇게 하나님이 어린이의 모습으로 인간이 된 사건, 이것을 축하하고 기리는 것이 바로 크리스마스다. 하나님이 인간이 된 사건을 통해 어린이가 신성한 존재로 격상되는 것은 아니지만, 적어도 그리스도교의 관점에서 어린이를 하찮은 존재로 여기는 일은 어떤 식으로도 용납될 수 없다. 이로써 어린이와 그리스도교 신앙은 서로 떼려야 뗄 수 없는 관계라는 사실이 확인된 셈이며, 따라서 그리스도교의 의미에서 어린이의 권리에는 그리스도교의 신앙과 전통을 어린이가 직접 만나고 알 권리가 담겨 있다.

  그리스도교의 교육 사상은 바로 이 점을 강조해왔다. 어린이가 어떤 내적인 깨달음이나 갑작스러운 체험을 통해 그리스도교 신앙에 입문하는 것이 아니라 그리스도교 전승, 특히 성경 이야기와 친숙해지는 과정을 통해 신앙에 이르게 된다는 사실은 종교 교육의 필요성을 뒷받침해 준다.

그리스도교의 가르침에 따르면 인간은 자기 자신을 스스로 구원하지 못하고 하나님께 받아들여짐에 의해서만 살 수 있다. 인간이 경험하는 이 받아들여짐의 사건은 하나님에게서 오는 것인데, 그리스도교는 이것이 모든 인간을 향한 하나님의 약속이라고 선포한다. 그러므로 그리스도교적 관점에서 어린이의 종교 교육 권리는 그리스도교 신앙에서 자연스럽게 흘러나오는 것이라고 해도 과언이 아니다. 하나님이 누구인지, 하나님이 인간을 어떻게 사랑하는지 우리가―또한 어린이가―알게 되는 것은 하나님에 대한 나사렛 예수의 가르침과 삶을 통해서, 그의 십자가 죽음과 그의 부활에 대한 신앙을 통해서다. 이 모든 것을 어린이는 오직 종교 교육을 통해 접할 수 있다.

그리스도교 신앙과 교육이 서로 밀접한 관계를 맺고 있는 것은 사실이지만, 그렇다고 신앙이 단순히 교육의 산물인 것은 아니다. 신앙은 철저하게 하나님과 인간의 관계, 또는 하나님과 어린이의 관계에서 비롯되며, 이 관계는 외부의 어떤 힘에도 좌지우지되지 않는다. 교육과 그 밖의 다른 어떤 형태의 간섭도 이 관계에 결정적인 영향을 끼칠 수 없다. 교회의 기관이나 교회의 지도자들도 하나님과의 관계, 즉 신앙에 대해 결정권을 행사할 수 없다. 신앙은 결국 자유의 문제라는 그리스도교의 가르침이 여기서 다시 한번 분명하게 드러난다. 어린이에게 적합한 종교를 판별하는 교육학적·심리학적 기준 가운데 첫 번째 기준이 특히 이 원칙, 즉 외부의 어떤 영향력도 신앙을 좌우할 수 없다는 원칙과 상응한다. 그 어떤 권위도 신앙에 근거한 자유를 뒤흔들 수 없다. 교육적 권위도 예외가 될 수 없다.

그리스도교 신앙은 앞에서 언급했던 교육학적·심리학적 기준 중에서 나머지 네 기준도 만족시킬 수 있다. 적어도 그리스도교 신앙 교육이 자유에 기초한 교육의 길을 걷는다면, 어린이에게 올바른 가치관의 근거를 제시해주며, 어린이가 삶의 의미를 발견하고 자신의 인격을 계발하는 데 도움을 주는 종교라는 사실을 누구도 부정할 수 없을 것이다. 어린이를 처벌의 두려움 속으로 몰아넣고 어린이의 총체적 인격 계발에 손상을 입히는 교육은 진정한 의미의 그리스도교 신앙 교육이 아니라 교육의 왜곡이라는 것이 현대 종교 교육학의 견해이다.

결론적으로 말해 그리스도교 신앙은 어린이의 종교 권리를 적극적으로 인정한다. 신학적으로 볼 때 이 권리 주장은 어린이에 대한 예수의 사랑에 뿌리를 두고 있다. 예수의 어린이 사랑이야말로 어린이를 향한 하나님의 관심을 극명하게 보여준다. 달리 말해 '어린이의 권리'라는 표현이야말로 하나님과 어린이의 친밀한 관계를 강조하는 그리스도교 신앙의 특징을 정확하게 드러내는 말이라고 할 수 있다.

이러한 견해는 교회를 향한 특별한 요구를 포함한다. 어린이의 종교 권리를 인정한다는 것은 어린이에게 적합한 종교적 동반자로서의 의무를 교회가 수행해야 함을 뜻한다. 나아가 교회는 어떻게 하면 어린이들의 세계를 올바르게 이해하고 어린이들의 삶에 부응하는 교회가 될 수 있는지를 고민해야 한다. 여기에 대해서는 이 책의 마지막 부분에 가서 다루게 될 텐데, 거기에서 우리는 어린이에게 필요한 교회란 어떤 교회인가라는 질문과 마주하게 될 것이다.

두 번째 이야기

어른으로서
느끼는 어려움

어른이 된 후의 일상은 하나님에 대한 물음을 다시금
진지하게 던질 여유를 주지 않는다.
그래서 어른들은 어린이가 던지는 종교적인 질문 앞에서
자기 안의 해결되지 않은 문제들, 자기 자신의 불확실함과
맞닥뜨리게 된다. 따라서 우리 시대에 적합한 종교 교육은
어른들에게도 자신의 종교적 발자취와 다시 한번 진지하게
대면할 수 있는 기회를 제공해 주는 것이어야 한다.

과거의 부정적인 경험

첫 번째 파트에서 우리는 오로지 어린이에게만 집중해서 이야기했다. 어린이에게 무엇이 필요한지, 종교적 물음이 어린이에게 어떤 의미가 있는지 생각해보았다. 하지만 이것은 종교 교육의 의미와 필요성과 가능성에 대한 탐색의 한 부분에 불과하다. 교육에는 언제나 양쪽, 즉 어린이와 어른이 있어야 하기 때문이다. 이 어른은 부모일 수도 있고 교사일 수도 있다. 어린이의 종교 권리를 말하는 사람은 그 말이 어른에게도 무언가를 요구하는 말이라는 사실을 알아야 한다. 이제 우리는 어른의 상황은 어떤지, 어른이 종교 교육과 관련된 요구를 어떻게 생각하는지 살펴보려고 한다.

여기서 우리가 어려움이라는 표현을 제목에 넣은 것은 그냥 넣은 것이 아니다. 어린 시절 자신이 직접 겪은 종교 교육을 날카롭게 비판하는 글이 요즘 많은 사람의 공감을 얻고 있다. 자신의 개인적인 경험을 통해 각인된 문제들은 어른이 되어 어린이를 가르치는 입장이 되었을 때도 큰 영향을 미친다. 그런데 정작 중요한 문제는 이렇게 자기가 직접 겪은 어려움과 혼란스러움과 비판적인 질문들이 다름 아닌 종교 교육의 영역에서도 충분히 공론화되지 못하고 그냥 자기 안에서만 맴돌고 있다는 점이다.

내적으로 느끼는 어려움을 말없이 넘겨버리려는 것 자체가 이미 문제이며 또 다른 이유에서 아주 유감스러운 일이다. 요컨대 자신의 종교적 사회화 과정에서 부정적인 경험을 성찰하는 일은 어른에게만 중요한 일이 아니다. 그것은 종교 교육을 비판적으로 바라보고 새롭게 바꿀 수 있는 좋은 계기가 될 수 있다. 다시 말해 자기가 직접 경험한 종교 교육에 대한 비판이 단순히 일체의 종교 교육 포기로 이어지지 않고 긍정적인 변화를 유도할 수만 있다면, 그 비판은 어린이에게 적합한 종교 교육을 하는 데 중요한 단초가 될 수 있다. 그리고 그런 형태의 교육만이 어린이의 권리에 부응하는 교육이라 할 수 있을 것이다. 그러므로 어린이의 종교 권리는 무작정 어른들에게 반대하며 따지자는 것이 아니라, 어린이와 어른 모두가 종교적 배움의 새로운 길을 열어나가자는 것이다.

앞에서 살펴본 것처럼 어른들에게도 새로운 길이 열릴 수 있다는 사실은 중요하다. 대부분의 어른들은 자기의 어릴 적 신앙을 진지하게 검토해 볼 수 있는 기회를 갖지 못했다. 그들의 이야기를 들어보면 그들이 믿고 있는 신앙이 성인의 나이에 걸맞은 신앙 형태에 이르지 못한 경우가 대부분이다. 하나님에 대한 생각이 아동기의 문턱을 넘어서지 못하고 있는 것이다. 하나님이라는 말은 다른 것들에 파묻히고 반쯤 잊혀져 있을 뿐 아니라 어른이 된 후의 일상은 하나님에 대한 물음을 다시금 진지하게 던질 여유를 주지 않는다. 그래서 어른들은 어린이가 던지는 종교적인 질문 앞에서 자기 안의 해결되지 않은 문제들, 자기 자신의 불확실함과 맞닥뜨리게 되는 것이다. 따라서 우리 시대에 적합한 종교 교육은 어른들에게도 자신의 종교적 발자취와 다시 한번 진지하게 대면할 수 있는 기회를 제공해 주는 것이어야 한다.

먼저 우리는 종교 교육과 관련해 어른 세대가 직접 경험한 어려움을 하나씩 짚어본 후, 새로운 형태의 종교 교육에 거는 기대를 제시할 것이다. '교회와 관련된 어려움'에 대해서는 이 책의 끝 부분에서 다루게 될 것이다.

과거의 부정적인 경험

지금부터 우리는 어른 세대가 어린 시절에 경험한 종교 교육 및 종교적 사회화와 관련한 다양한 진술을 살펴볼 것이다. 그런 다음 이러한 진술이 지금의 종교 교육과 어린이의 종교 권리에 어떤 메시지를 주는지 생각해보려고 한다.

강요된 종교 교육

몇 년 전부터 나는 종교 교육을 주제로 한 정기적인 학부모 세미나를 이끌고 있는데, 그 첫 시간에 '나 자신의 종교적 사회화, 나의 어린 시절과 종교 교육'이라는 소주제를 내걸고 이야기를 풀어나간 적이 여러 번 있다. 이런 시간이 중요한 것은 어린 시절의 교육 경험이 그 사람의 교육 태도를 결정짓는 요인 가운데 하나이기 때문이다.

나는 이런 자리를 통해서 종교 교육과 관련하여 좋지 못한 추억을 가진 사람들의 이야기를 자주 들을 수 있었다. 어떤 '강요'와 '강박', '답답함'을 느꼈다는 사람이 있는가 하면, 결코 잊히지 않는 '악감정', 심지어 '고통'과 '상처'의 감정을 느꼈다고 말하는 이도 있었다. 그렇다면 결론은 무엇인가? "그래서 내 아이는 그런 식으로 가르치고 싶지 않아요!"가 되는 것이다.

현직 교사 중에서도 이와 비슷한 경험담을 털어놓는 사람들이 있다. 교직에 막 첫걸음을 내딛은 어느 여교사의 얘기를 들어보자.

"제가 받은 교육에 대해서 먼저 얘기를 해야겠군요. 저는 그리스도교적인 교육을 받았어요. 그 교육이 제 안에 하나님과 그리스도인에 대한 어떤 생각을 심어주었죠. 우리 부모님께서 그 '신앙'을 당연한 것으로 생각하고 그 신앙에 따라 사는 모습을 직접 보여주고, 또 그분들이 제게 기도하는 법을 가르쳐주신 것은 참 좋았다고 봅니다. 우리 부모님은 죽음을 뛰어넘는 희망을 갖고 생활하신다고 느꼈어요. 하지만 그런 그리스도교적인 교육의 단점 한 가지는 꼭 얘기하고 싶은데, 그건 그런 식의 교육이 제가 아주 어렸을 때 어떤 양심의 가책 같은 것을 자꾸 느끼게 했다는 거예요. 내가 하는 모든 걸 고스란히 하나님이 보고 계신다니까 뭘 해도 항상 감시당하는 거잖아요. 한참 나중이 돼서야, 그러니까 내가 마침내 이 '그리스도교의 벽'을 허물어 버리고 나와 그 벽 안에서는 상상할 수 없는 행동을 하고, 어느 누구의 도움도 받지 않고 홀로 섰을 때 비로소 나는 부모님이 하나님을 믿었기 때문이니까 나도 그냥 믿었던 것뿐이구나, 하는 것을 깨닫게 되었지요."[1]

하나님이 자기를 끊임없이 지켜보고 있다는 사실 때문에 느끼는 양심의 가책, 이런 경험은 긍정적인 종교 교육을 가로막기 쉽다. 이런 식의 종교 교육 외에 다른 것을 경험한 적이 없다고 생각하는 사람은 일단 그 종교 교육으로부터 거리를 둘 필요가 있다. 이 여교사도 그 점을 지적하고 있다.

"그런데 지금은 하나님에 대해서 다시 진지하게 생각하기 시작했어요. 처음엔 하나님이고 뭐고 다 포기한 적도 있었죠. 하지만 기도를 하면 나에게 어떤 긍정적인 변화가 생기고, 내 곁에 아무도 없을 때 하나님과 대화를 나눌 수 있다는 것을 자주 느끼게 되면서 다시 하나님을 믿기 시작했어요."

위의 진술에서 미약하게나마 드러난 것은 자기 자신의 종교적 사회화 과정에 대한 비판적 성찰이 하나님에 대한 새로운 신앙의 길을 열어줄 수 있다는 점이다. 이 여교사의 경우도 자신의 신앙을 직접 점검해보고 다시금 받아들임으로써 종교 교육의 새로운 가능성이 싹트게 되었다. 신앙이 더 이상 '양심의 가책'을 일으키는 것이 아니라 '희망'이라는 이름으로 다가온 것이다. 그녀에게는 이 '희망'이야말로 다시금 신앙을 바라볼 수 있게 한 동기였다.

인간을 부자유하고 병들게 만드는 종교 교육

지금으로부터 20~30년 전, 종교 교육과 관련한 비판적 성향의 저작들이 자서전 형태로 출간돼 큰 호응을 불러일으켰다. 틸만 모저의 《하나님 중독》(1976)은 앞에서 이미 언급한 바 있다. 뒤이어 출간된 프리츠 초른의 책 《마르스》(1977)도 모저의 책 못지않게 신랄했다. 유타 리히터의 책《하늘, 지옥, 연옥》(1985)은 '탈출 시도'라는 아주 설득력 있는 부제를 달았다. 이 책에는 아예 (가톨릭의) 종교 교육과, 아니 교회 전체와 담판을 짓겠다는 의지가 담겨 있다. 다그마 셰르프가 편집한 책(1984)이라든가, 그와는 조금 사정이 다르지만 후베르투스 뮈나렉이 편집한 책(1983)도 같은 경향을 보이고 있다.[2]

이 저작들의 공통점은 어린 시절 자신이 경험한 종교 혹은 종교 교육에서 초래한 부정적인 요소들, 저자들의 라이프 스토리를 일그러뜨린 바로 그 문제에 대한 신랄한 검토서라는 점이다. 세부적으로 들어가보면 아래와 같은 문제점들이 부각되고 있다.

- 두려움과 죄책감 : 사랑의 하나님은 모든 걸 보시고 모든 걸 심판하신다.
- 성의 억압 : 육체에 대한 적대감, 혼전 성관계 금지에서 억압이 느껴진다.
- 종교의 이름으로 생각의 자유 금지 : 의심을 겉으로 표출해서는 안 되고 질문을 하는 것조차 수상하게 생각한다.
- 신뢰할 수 없는 교회 : 교회의 지도자들마저 교회의 가르침을 지키지 않는다.
- 실패에 대한 두려움, 자기 자신에 대한 지나친 요구 : 하나님이 특별한 과제를 위해 나를 선택하셨고, 내가 그 기대에 미치지 못하는

것 같아 절망스럽다.

칼 프리링스도르프Karl Frielingsdorf의 《악마적 하나님 이미지》는 이런 종교 교육이 결과적으로 어떤 하나님의 이미지를 빚어내는지 알아내려고 한다.³ 이 연구는 수많은 경험의 진술을 토대로, 특히 네 가지 유형의 하나님 이미지가 만연해 있다는 결론에 도달했다.

- 벌을 주는 심판자 하나님 : 프리링스도르프는 거의 모든 악마적 하나님 이미지 뒤에는 바로 이 '심판자 하나님'이 있다고 주장한다.
- 죽음의 하나님 : 인간을 자유롭게 해서 생명을 주는 신이 아니라 생명을 거부하고 부정하는 이미지의 하나님이기에 이런 표현을 쓴 것이다.("너는 차라리 죽는 게 낫겠다!" "너 같은 놈은 살 가치가 없어!")
- 율법의 하나님, 회계장부의 하나님 : 이 하나님은 "율법에 어긋나는 인간의 모든 잘못과 실수를 즉시 기록해 놓았다가 최후의 심판일에 대대적으로 결산을 요구하는" 하나님이다.
- 무리한 것을 요구하는 '업적주의 하나님' : 이런 하나님 이미지는 "그 자체로는 문제될 것 없는 인간의 능력/업적을 지나치게 강조함으로써 결국에는 인간을 파멸"에 이르게 한다.

이런 하나님 이미지가 인간의 정신 건강뿐 아니라 몸의 건강까지 손상시킨다는 것은 너무나 자명한 사실이다. 그렇다고 종교 교육이 항상 인간을 병들게 한다거나 종교 교육은 무조건 해로운 것이라고 단정짓는 것도 옳지 않다. 지난 100년 동안 인간의 육체적·정신적 건강과 종교의 관계를 다룬 많은 연구가 있었다. 그 중 일부는 종교가 인간의 건강에 부정적인 영향을 끼친다는 사실을 증명하기 위한 것이었고, 다른 일부는 정반대의 의도, 즉 종교 교육이 어린이의 건강에 필수적인 공헌을 한다는 사실을 증명하는 연구였다.[4] 보통은 소규모로 이루어지는 개별 연구를 통해 나온 결과들이 때로는 전자의 입장에, 때로는 후자의 입장에 설득력을 보태주는 경우는 있지만 모두가 납득할 만한 결론에 이르지는 못했다.

스스로 신앙인이라고 생각하는 사람이 어떤 특정한 병에 더 많이 걸리는 경우가 있는가 하면, 반대로 신앙을 갖지 않은 사람이 더 많은 병에 걸리기도 한다. 가끔 언론에서 대서특필하는 연구들도 학문적으로는 신빙성이 거의 없다. 확실하다고 할 만한 것은 단 하나, 종교 교육만으로 인간을 병들게 할 수 있는 것은 아니며, 종교 교육만으로 인간의 건강을 보장할 수 있는 것도 아니라는 사실이다. 부모와의 관계, 교육 스타일, 사회적인 기대 등 항상 다른 요인이 끼어들게 마련이다. 따라서 오늘날 어른 세대가 진술하는 종교 교육에 대한 부정적 경험의 구체적인 원인을 따져보는 것이 필요하다.

종교 교육에 대한 부정적 경험의 원인

자기가 직접 겪은 종교 교육에 대한 자서전 형식의 보고나 비판적 성찰은 일반적으로 특정 시기의 경험과 연관되어 있다. 우선 그런 글을 쓴 저자들 대부분이 대개 1930년에서 1960년 사이에 출생했다. 그렇다면 이들 가운데 일부는 국가사회주의(나치) 시절 아동기를 보낸 셈이고, 또 일부는 전후 독일에서 교육을 받았을 것이다. 이 시기의 경험은 오늘날의 어린이와 청소년에게 전혀 낯선 것이다. 아직 청소년이 되기 전의 어린이를 자녀로 둔 부모들, 그러니까 대략 1970년 이후에 태어난 부모 세대만 해도 그 전 세대와는 전혀 다른 성장기를 보냈다. 위에서 든 저작들은 그런 의미에서 현재보다는 과거에 관한 것이다. 거기에 진술된 경험들이 과거에는 보편적인 경험이었다고 할 수 있겠지만, 지금은 그렇게 말할 수 없다. 물론 개별적인 예외들은—예컨대 소규모 종파에서처럼—앞으로도 사라지지 않을 것이다.

이런 맥락에서 첫 번째 파트에서 언급한 교육 방식의 변화에 대한 연구를 떠올려봄직하다. 특히 복종을 강조하는 교육에 대해 조사한 결과는 시사하는 바가 크다. 그 조사에 따르면, 1950년대나 1960년대까지는 '복종'을 교육의 목표로 삼는 것에 대다수 국민이 동의했다. 오늘날의 교육은 어린이의 자율과 자긍심을 무엇보다 중시하는 반면 복종의 가치는 급격히 하락했다.[5] 한때 일반 교육의 목표로 간주되던 복종과 "모든 걸 보시고 모든 걸 심판하시는" 하나님 사이에는 밀접한 관계가 있었다. 그렇다면 복종을 강조하는 교육 방식이 해체되고 새로운 교육 방식이 들어선 것과 더불어 과거의 하나님 이미지도 오늘날의 어린이와 청소년에게는 더 이상 큰 영향력을 발휘하지 못할 것이라고 생각할 수 있다. 그리고 이러한 기대는 일련의 연구를 통해—비록 일반화할 수 있는 성격의 연구는 아니지만—뒷받침된다. 예컨대 종교 교육학자 헬무트 하니쉬Helmut Hanisch는 어린이들과 청소년들이 그린 하나님 그림을 집중 연구한 끝에, "어린이들과 청소년들이 생각하는 하나님 이미지는 화를 내거나 공격적인 하나님이라기보다는 친근하고 다정한 하나님이다"라는 결론에 이르렀다.[6]

하지만 종교 교육에 대한 부정적 경험이 어떤 시대적 상황 탓이거나 오늘날은 더 이상 실행되지 않는 특정한 교육 방식의 문제만은 아니다. 특정한 신학적 견해나 종교 교육, 종교 수업의 내용도 사람들이 하나님을 감시와 처벌의 신으로 느끼게끔 하는 데 한몫했다. 따라서 교육 스타일의 변화만이 아니라 종교 교육학 자체의 변화도 중요하다. 이 변화의 파급력이 너무 강하다보니, 일각에서는 친근하고 사랑 많은 하나님 이미지만으로는 때때로 우리의 삶을 어둡게 만드는 경험에 대처하기가 어렵지 않겠느냐는 문제 제기가 있을 정도이다.

어쨌거나 종교 교육과 관련된 부정적 경험의 중요한 원인은—

비록 지금은 옛날처럼 그리 일반적이지는 않지만—어린이의 안녕을 배려하지 않고 복종만 강조하는 교육이며, 여기에 동조하는 종교 교육학은 그런 경향을 더욱 부추길 수 있다. 그런 의미에서 볼 때 교육의 목표가 달라진 것은 환영할 만한 일이다. 그러나 '모든 것을 보고' 어린이를 '감시하는' 하나님을 거부하는 것만으로는 어린이에게 적합한 종교 교육을 위한 긍정적 토대를 세웠다고 말할 수 없다. 부정적 경험과의 씨름은 단순한 비판을 넘어 종교 교육의 새로운 가능성이 활짝 열릴 때까지 계속되어야 한다. 한 걸음 더 나아가, 과거의 부정적 경험이 미래를 향한 우리의 발걸음을 마비시켜서는 안 된다. 우리가 이 책의 첫 번째 파트에서 진단한 바와 같이, 우리 시대의 가장 큰 문제는 인간을 부자유하게 만드는 종교 교육에서 비롯된 '하나님 중독'이 아니다. 더 시급한 문제는 어린이에게 종교적 안내자가 전혀 없을 때 일어날 수 있는 종교적 '카스파 하우저' 증후군이다.

종교 교육의 현실에서 맞부딪히는 혼란스러움

종교 교육에 대한 부정적 이미지의 원인이 되는 개개인의 경험 외에도 어른들이 스스로 해결하지 못한 여러 가지 물음이나 의심이 종교 교육을 망설이게 하는 중요한 요인이다. 이 물음과 의심은 자신의 어린 시절 신앙에 대한 비판적 성찰이 만족스럽게 마무리되지 않았음을 반영한다. 이것은 부모나 교사도 마찬가지다. 여기에서 다시 한번 어느 교사의 고백을 들어보자.

"어렸을 때 나는 하나님을 어떤 인간적인 존재로 생각했어요. 나는 그때 아무런 의심도 없이, 아무런 질문도 없이 하나님을 믿었어요. 지금은 그럴 수가 없답니다. 너무나 많은 모순이 있잖아요. 나 자신의 입장도 분명하지 않기 때문에, 신앙에 관해서 아이가 질문을 해도 명쾌한 답을 주기가 어려워요."7

어린 시절의 신앙은 시간이 흐를수록 한계에 봉착하고 그 신앙에 대한 비판적 성찰은 많은 물음과 의심과 혼란스러움을 남겼다. 아동기 신앙의 자리에 그에 비길 만큼 확실해 보이는 새로운 신앙이 들어서지 못했다. 여기에서 주목할 만한 사실 하나는 그런 물음과 의혹이 제대로 풀리지 않은 상태로 내면에 둥둥 떠다니고 있어도 어른들은 그것 때문에 지장을 느끼지 않는다는 사실이다. 앞에서 얘기한 교사도 이렇게 말한다. "신앙이라는 게 뭔가 손에 잡히는 거, 확실한 게 아니잖아요. 어디가 경계선일까요?"

아동기 신앙과의 대결이 흐지부지 수그러진 채 새롭고 명쾌한 신념에 이르지 못한 상황에서 어린이에게 신앙에 대한 질문을 받을 때, 어른들은 새로운 도전에 직면하게 되고, 이미 오래 전에 벗어던졌다고 생각했던 아동기의 신앙이 다시금 자기 앞에 나타났다는 사실을 깨닫게 된다. 이와 비슷한 일은 교사뿐만 아니라 부모에게도 일어난다. 마르타 페이Martha Fay는 세 살 된 딸 안나에게 할머니는 '하늘나라'에 가셨다는 식의 얘기를 하고 싶지 않았다고 한다. 그런데 얼마 후 안나의 친구 할머니가 돌아가셨다. 그 친구가 안나에게, 자기 할머니는 안나 할머니와는 달리 곧바로 하늘나라에 가셔서 행복하게 지내신다고 했단다. 그 아이는 하늘나라가 어떻게 생겼는지 이야기를 늘어놓는데, 그 아이의 하늘나라는 내가 어렸을 때 두고 왔던 바로 그 자리에 언제나 있는 하늘나라였다. 안나의 생각에도 그 나라는 바로 거기에, 우리 바로 위에, 눈에 보이지 않는 곳, 저 구름 위에 있다.[8]

스위스에서 가톨릭 신앙을 가진 부모들을 대상으로 어떤 조사를 했는데, 거기에서도 부모들의 혼란스러움이 강하게 드러났다. 예컨대 부모들은 다음과 같은 고민과 물음에 빠져 있다.

"이 세상에는 비극적인 일이 참 많이도 일어납니다. 그러다보니까 나한테도 하나님의 존재가 의심스럽더군요. 그래서 내적인 갈등 속에서 살아갑니다. 그런데 어떻게 내 자식들 앞에서 하나님을 잘 믿는 척할 수 있습니까?"

"우리 스스로가 종교와 관련해서는 도무지 자신이 없는 형편이어서 아이들에게도 뭘 가르칠 수가 없습니다."

"저도 그렇고, 또 아마 다른 사람들도 그럴 텐데…… 정말 큰 문제예요. 나 스스로 하나님에 대한 신앙이 확고하지 않은 상태에서 어떻게 아이에게 기초 교육을 시킬 수 있답니까?"[9]

"스스로 하나님에 대한 신앙이 확고하지 않은 상태"인데 어떻게 그리스도교 신앙 교육을 시킬 수 있는가? 이와 비슷한 생각을 하는 부모들이 상당히 많을 것이다. 어떤 부모들은 교회와 종교 수업에 기대를 걸기도 한다. 거기서 자기의 신앙 문제를 이해하는 데 도움을 받고, 자녀들을 신앙적으로 교육시키고, 그리스도교와 관련된 여러 축제에 동참하는 데 필요한 구체적인 자료도 받을 수 있지 않을까 기대한다. 어떤 면에서 어른들의 이러한 자기 진단과 소극성은 충분히 이해할 만하다. 교육하는 데 있어서는 항상 분명한 자기 입장을 밝히는 것이 중요하기 때문이다. 하지만 다른 한편으로 어른들의 그런 태도는 열린 물음이나 종교적 의혹에 대한 잘못된 인식을 반영하기도 한다. 즉 그런 물음과 의혹을 방해물로만 인식할 뿐, 그것이 좋은 기회가 될 수 있다는 사실을 모르는 것이다.

종교 교육의 위기 혹은 기회

지금까지 우리가 살펴본 사례를 보면 한 가지 공통점을 찾을 수 있는데, 그것은 물음이나 의혹이 효율적인 종교 교육과 전혀 어울리지 않는다는 것이다. 그런 관점에서 보면 질문이 많은 사람은 종교 교육에 적합하지 않다. 종교 교육에 대한 어떤 선입관이 깔려 있기 때문이다. 요컨대 확실한 답을 알고 있는 어른만이 그 답을 어린이들에게 전수할 수 있다. 그래야 어린이들이 그 답을 최대한 있는 그대로 받아들일 수 있다. 이런 사고방식에 근거하면 확실한 답을 모르는 어른들은 아이들을 가르칠 수 없다는 말이 당연하게 들린다. 바로 이 선입관을 극복하고 종교 교육에 대한 새로운 이해를 정립하는 것이야말로 진정 가치 있는 일이며 가장 시급한 일이다.

신앙 또는 종교와는 전혀 별도로 오늘날의 교육 또한 더 이상 어른이 어린이에게 어떤 확고한 것을 전수하는 일방적인 것이 아니다. 오늘날의 교육은 어른과 어린이 혹은 청소년이 적극적으로 함께 참여하는 상호 배움의 과정으로 발전하고 있으며 여기서는 모두가 자기의 생각과 입장을 자유롭게 펼칠 수 있다. 이런 교육은 물음과 의혹의 가치를 전혀 다르게 평가한다. 이제 물음과 의혹은 교육 과정을 어렵게 하는 어떤 것이 아니라 진정한 배움을 가능하게 하는 엔진과도 같은 것이다. 이 깨달음을 종교 교육에 적용하면 이런 결론을 얻을 수 있을 것이다. "실존적인 물음과 의혹 앞에서 어른과 어린이가 함께 고민하고, 대화로 함께 답을 찾아 나아가는 것이야말로 참된 종교 교육이다."

종교 교육의 문제는 스스로 정답을 찾지 못한 어른이 아니라 아무런 질문도 던지지 않는 어른, 그래서 어린이의 질문에 귀 기울이려 하지도 않고 또 그럴 만한 능력도 없는 어른이다.

자기 스스로 해결하지 못한 여러 물음과 불확실함 때문에 신앙 교육을 시킬 수 없다는 정서는 신앙을 무조건적인 동의 혹은 아무런 질문도 필요 없는 확신으로 잘못 이해한 데서 나온다. 성서의 관점에서 이해한 그리스도교 신앙은 일련의 교리를 무조건 받아들이는 것도 아니고, 교회의 신앙 고백을 무턱대고 받아들이는 것도 아니다. 성서적 의미에서 신앙이란 무엇보다 하나님과의 생생한 관계이다. 이 관계는 삶의 높이와 깊이를 헤아리는 관계, 확신과 찬양만이 아니라 의심과 탄식이 어우러지는 관계이다. 이것을 오늘날의 언어로 풀면, 신앙에 대한 열린 물음이야말로 신앙을 가능하게 한다고 말할 수 있을 것이다. 자신의 삶에 아무런 물음도 던지지 않는 사람에게는 신앙도 필요 없다.

　이렇게 볼 때 어른들이 느끼는 불확실함과 묻고 또 묻는 자세는 오히려 어린이에게 적합한 종교 교육을 만들 수 있는 기회이다. 그것은 신앙을 어떤 공식화된 정답 창고와 혼동하지 않도록 해준다. 이 새로운 기회에 대해서는 이번 파트의 마지막 장에서 다루게 될 것이다.

어린이의 자기 결정 권리와 종교 권리

어린이의 자율적인 결정을 어느 정도까지 감안해야 하는가? 부모가 교육을 통해 어린이의 미래에 영향을 미치는 것은 어느 선까지 가능한가? 예컨대 이혼법과 관련하여 자녀를 아버지가 키울 것이냐 어머니가 키울 것이냐를 따질 때도 이것은 중요한 문제로 떠오른다. 그런데 종교 교육에서도 이 질문이 첨예한 문제로 떠오르고 있다. 이 문제를 살펴보도록 하자.

부모가 생각하는 종교 교육의 목표

부모들은 종교 교육에서 어린이의 자율성 문제를 어떻게 생각하는가? 현재의 경향은 분명히 어린이의 자유와 자율성을 강조하는 쪽으로 기울고 있다. 스위스 목회사회학연구소도 다음과 같은 연구 결과를 내놓았다.

> 종교 교육과 종교 사회화 과정에서 어린이에게 더 많은 '자유'를 주어야 한다는 주장이 거의 모든 지역에서 지속적으로 제기되고 있다. 이것은 어른들이 어렸을 때 직접 겪은 강제와 압박에 대한 거부감에서 나오는 것이 분명하다. 자유에 대한 요구는 대략 다음과 같은 구체적인 표현에서 드러난다. "강제로 기도를 시키면 안 된다" "의무적으로 교회에 출석하게 해서는 안 된다" "크리스마스 때 선물을 못 받는다고 경고를 하거나, 벌을 주거나 해서 어린이의 사기를 꺾으면 안 된다" 등등. 이런 요구는 교육의 영역에서 전개되고 있는 긍정적 의미의 자유화 경향이 종교의 영역에도 영향을 미친 결과이다. 종교는 이제 더 이상 부모의 권위를 강화하기 위한 도구로 남용되지 않을 것이다.[10]

이런 관점에서 보면, 부모들이 종교 교육 영역에서 지지할 수 있는 최고의 규범은 바로 '자유'라고 할 수 있다. 이것은 어른들의 기억 속에 '강제'라는 단어와 결부되어 있는 과거의 종교 교육과 거리를 두려는 의도에서 나온 것이다. 위의 인용문에서는 교육계의 변화에 대한 신학적·종교 교육학적 평가도 엿보인다. 한마디로 스위스 교회는 그 변화를 "교육의 영역에서 전개되고 있는 긍정적 의미의 자유화"로 인정하고 있다.

　1970~80년대 독일 개신교회의 조사에서도 이와 유사한 교육 스타일의 변화가 포착되었다.[11] 개신교회에 등록되어 있는 어른들을 대상으로 실시한 이 설문 조사에, 자녀가 어린이 예배에 참석하는 것을 어떻게 보느냐는 문항이 있었다. 1970년대 또는 1980년대의 부모들도 자기 자녀가 어린이 예배에 가는 것 자체는 전혀 문제삼지 않았다. 응답자의 1퍼센트만이 자녀가 어린이 예배에 가는 데 확실한 반대 의사를 표명했다. 그 전과 비교해서 달라진 것이 있다면, 자신이 직접 교회 교육에 뛰어들어 교회의 신앙 교육을 적극 지원하려는 자세가 줄어들었다는 점이다.

　10년 전과는 달리 부모들 가운데 일부는 자기 아이를 어린이 예배에 '보내는 것' 혹은 거기에 '가야 한다'고 말하는 것을 권위주의적인 태도라고 느끼고 있다. 그런 부모들은 어린이 예배에 자녀가 가고 안 가고의 문제를 어린이의 판단에 맡기는 편이 낫다고 주장한다. 그러니까 어린이 예배 출석에 대한 부모의 의견에서도 위에서 언급한 경향이 두드러진 셈이다. 한마디로 어른들도 어린이의 결정을 존중해야 한다는 것이다.

　이와 같은 맥락에서 1990년대에 실시된 독일 개신교회의 조사 결과도 시사하는 바가 크다. 교회에 등록은 되어 있지만 "교회와 전혀 혹은 별로 관계없이" 지내고 있다고 말하는 사람들이 인터뷰에 응했다.[12] 이 인터뷰에서도 신앙 및 종교와 관련해 어린이의

'자유'와 '자율적인 결정'에 대한 이야기가 많이 나왔다. 그 가운데서도 루르 지역 출신으로 두 아이를 둔 마흔두 살의 어느 엄마와 나눈 대화가 인상적이었다. 시종일관 그는 자기 딸이 "스스로 결정해야 한다"고 강조했다. 그런데 유아 세례에 관한 물음에서는 갈등이 표출됐다. 한편으로는 어린이가 스스로 결정하게 하고 싶은 소망이 있고, 다른 한편으로는 아이를 위한 '하나님의 보호하심'을 빌어주고픈 소망도 있었던 것이다. 다음은 그 엄마의 말이다.

"예를 들어 세례는 어떻게 할 건가 하는 문제는 그렇게 분명하지가 않더군요. 교회에서는 어린이가 세례를 받으면 교회 공동체의 울타리 안으로 받아들여진다고 가르치잖아요. 그러니까 하나님의 보호하심을 받게 된다는 거고…… 저는 원래 모든 면에서 아이가 스스로 결정해야 한다는 생각이었어요. 그런데 세례 얘기가 나오니까, 정말 내 딸 스스로 결정하게 해야 하나 고민이 생기더라고요. 내 딸을 하나님의 보호 아래 두지 않으면 과연 누구의 보호를 받을 수 있을까? 나에게서 받는 보호가 전부일까? 혹시 악마의 보호? 나쁜 영향의 보호? 그러다가 결국에는 생각했던 대로 하기로 했지요. 그건 그 아이가 스스로 결정할 문제다, 하고 말이죠."[13]

하나님의 보호하심이 어린이의 세례 여부에 달렸다고 보는 견해가 과연 타당한가 하는 문제는 여기서 상세히 논할 바가 아니다. 다만 이 맥락에서 중요한 것은 아이의 결정을 존중할 것이냐 아니면 그 아이를 위해서 '하나님의 보호하심'을 요청할 것이냐 하는 사이에서 심리적인 갈등을 느끼던 엄마가 결국에는 명백히 어린이의 자기 결정 쪽에 손을 들어주었다는 점이다.

그리스도교의 관점에서 볼 때 부모나 교사가 종교 교육과 관련하여 어린이의 자결권을 존중해 주려는 태도는 매우 긍정적이다. 그리스도교 신앙이란 것이 무조건 배우고 익혀야 하는 어떤 것이 아니라 자기 인생의 중요한 결정으로 존중되어야 하는 것이라면, 어른들의 그런 태도는 그리스도교 신앙과도 잘 어울린다. 그런 의미에서 종교 교육 스타일의 변화는 명백한 진보라고 평가할 수 있다. 이러한 평가는 신앙을 하나님의 선물로 이해하는 신학적 견해와도 상통한다. 신앙이 하나님의 선물이라는 고백은 교회나 부모가 어린이의 신앙을 좌지우지할 수 없다는 것을 선언하고 있기 때문이다.

그러나 또 한 가지 분명히 해두어야 할 것이 있다. 신앙과 관련하여 자기 스스로 결정하기 위해서는, 특히 어린이가 직접 그런 결정을 내리기 위해서는 우선 교육적인 안내가 필요하다는 점이다. 어린이가 전혀 보지도 듣지도 못한 것에 대해 어떤 결정을 내릴 수 없다는 사실만 생각해봐도 그것은 자명하다. 예컨대 어린이 예배에 한 번도 가보지 않은 어린이가 어떻게 거기에 갈지 말지를 결정할 수 있다는 말인가? 종교 교육이 어린이의 자결권을 최대한 존중해야 한다는 점에는 이론의 여지가 없다. 그러나 우선은 어린이가 스스로 결정할 수 있는 능력을 키울 수 있도록 적극적인 교육의 지원이 선행되어야 한다. "어린이가 모든 결정을 혼자 하게 내버려 두자." 이런 태도는 아무런 도움이 되지 못한다.

여기에서 중요한 것은 정말 환영할 만한 자율적인 교육 방식과 어떻게 하든 부모인 나에게는 아무 상관없다는 식의 무책임한 교육 태도를 분명하게 구별해야 한다는 것이다. 초지일관 어린이의 자기 결정을 강조하지만 그 결정에 필요한 능력을 키우는 일에는 무관심하다면 그것은 자율성의 옹호가 아니라 무책임함의 증거일 것이다. 그러므로 어린이가 어느 선까지 스스로 결정할 수 있느냐는 물음 앞에서 첫 번째 대답은 다음과 같다.

종교 교육에서도 어린이의 자결권은 충분히 존중되어야 한다. 하지만 어린이의 자유와 종교 교육이 서로 모순되는 것은 아니다. 종교 교육이 어린이의 결정을 전제할 뿐 아니라, 결정에 필요한 능력 계발을 적극적으로—어린이들에게 그때그때 적절한 디딤돌을 제공함으로써—지원한다면 이런 종교 교육이야말로 어린이의 자결권에 딱 들어맞는 교육이다.

교육학 전통에서 길어 올린 통찰

이미 이 같은 주장이 강하게 불거져 나온 바 있다. '근대 교육의 아버지'라 불리는 장 자크 루소Jean-Jacques Rousseau가 대표적인 예다. 그는 교육 소설 《에밀》(1762)에서, 여러 종교를 잘 따져 보고 선택할 수 있는 능력은 아무리 일러도 청소년기는 되어야 습득할 수 있기 때문에 아동기에는 모든 종교 교육을 포기해야 한다고 주장한다. '자연스럽게' 교육받은 사람이라면—너무 일찍 시작된 종교 교육으로 인해 방해를 받지 않는 한—종교의 문제에서도 결국은 올바른 길을 찾게 되리라는 것이다. 루소의 말을 직접 인용해 보자.

> 그러나 모든 일에서 억견의 멍에를 벗어던지려는 우리는, 권위를 일체 인정하지 않으려는 우리는, 어느 나라에 가든 에밀이 스스로 이해할 수 없는 일은 그에게 가르치려 하지 않는 우리는 어떤 종교 속에서 그를 키우겠는가? 자연의 인간을 어떤 종파에 가입시키면 좋은가? 답은 아주 간단할 것 같다. 우리는 그를 어느 종파에도 가입시키지 않을 것이다. 그런 일을 하지 않고 이성을 가장 잘 사용함으로써 자신을 이끌어가게 되는 종파를 고를 수 있는 선택을 그에게 주자.[14]

근대 교육학의 출발과 밀접하게 연관된 바로 이 문장에서 우리는 오늘날까지도 번번이 되풀이되고 있는 어떤 의도, 즉 종교적 확신을 일체의 '권위'로부터 분리시키고 모든 결정을 어린이의—루소에 충실하자면 청소년의—선택에 맡기려는 의도와 만나게 된다.

아동기와 관련하여 '종교 교육의 포기를 통한 자유의 이념'은 루소에 의해 고전적 지위를 얻게 되는데, 교육학의 역사는 이 고전적 이념이 그에 못지않게 고전적 가치가 있는 반론에 부딪히게 된다는 것을 가르쳐준다. 그 반론에 의하면 아동기에 종교 교육을 포기하는 것은, 특히 종교 교육이 어린이에게 종교적인 영역의 안내자가 되어준다는 의미라면, 어린이가 스스로 종교적인 질문을 던지지 않을 경우에만 가능한 일이다. 그러나 그런 경우가 있을 수 없다면, 다시 말해 우리가 이 책의 첫 번째 파트에서 살펴본 것처럼 어린이의 일상 속에서 적어도 암시적으로나마 종교적인 질문들이 쏟아져 나오는 게 분명하다면, 아동기의 종교 교육을 포기한다는 것은 어린이들의 그런 질문을 거부하거나 은폐하자는 것과 다름없다. 그것은 어린이의 발전을 침해하는 행위가 될 것이다. 신학자이자 교육학자였던 프리드리히 슐라이어마허는 바로 이 점을 예리하게 지적하고 있다. 요컨대 어린이를 일방적으로 합리적인 세계관에 고착시키려는 것은 "그들의 감각을 완전히 기만하는" 행위이다.[15] 그것은 삶의 중요한 차원 하나를 그냥 묻어버리는 것이나 다름없다.

어린이가 여러 종교 가운데 하나를 스스로 선택할 수 있도록 하기 위해 아동기의 종교 교육을 포기해야 한다는 주장은 실천적인 측면에서 볼 때도 실현 가능성이 거의 없다. 가령 어린이에게 자기가 살고 싶은 나라를 직접 고르라고 해보자.(요즘 같은 국제화 시대에서 이런 질문이 전처럼 비현실적인 것만은 아닐 것이다.) 어린이가 제대로 결정을 내리기 위해서는 어떤 나라에 대한 인상이 축적되어 있어야 한다. 어린이가 올바른 선택에 필요한 능력을 갖추길 바라는 사람이라면 그 어린이가 성장하는 과정에서 다른 나라를 알 수 있도록 해줘야 할 것이다. 어떤 나라의—그 어린이가 살고 있는 나라도 상관없다—고유한 특성을 접할 수 있는 기회를 완전히 포기한다면 올바른 결정은 애당초 불가능하다.

여러 종교 가운데서 하나를 선택하는 것도 이와 비슷하다고 할 수 있다. 다양한 종교의 형식과 내용을 신중하게 검토한 뒤에 어떤 종교를 받아들이거나 또는 거부할 수 있는 능력은 종교 교육이 배제된 상태에서는 불가능한 일이다. 서유럽 국가의 어린이들은 어쩔 수 없이 그리스도교적 색채가 배어 있는 문화와 역사의 영향을 받는다. 따라서 어린이의 종교적 자결권을 존중하기 위해서는 종교 교육을 통해 어린이들이 그러한 영향에 대해 깊이 생각할 수 있도록 도와주어야 한다. 훗날 청소년 또는 성인이 되었을 때 이 그리스도교 전통을 받아들일 것인지 거부할 것인지 나름대로 신중한 결정을 내릴 수 있도록 말이다.

어린이의 자기 결정 권리와 종교 권리

이 시점에서 비판적인 반론이 나올 수도 있다. 그러니까 결국 이 책은 어린이가 스스로 결정할 수 있는 권리보다 어린이의 종교 권리가 더 우선이라는 논지를 펼치는 게 아니냐고 말이다. 어린이의 권리를 중점적으로 다루고 있는 우리에게 이런 반론은 의미심장하다. 어린이의 권리에 대해 말하는 사람이라면 어린이의 자기 결정 권리를 결코 가볍게 지나쳐버릴 수는 없는 노릇이다. 하지만 어린이의 자기 결정 권리와 어린이의 종교 권리가 반드시 모순 관계여야 하는가? 종교 교육 자체가 어린이의 자기 결정 권리를 거스르는 것이라면 그렇게 볼 수도 있을 것이다. 그러나 앞에서 살펴보았듯이 우리가 이해하는 종교 교육은 어린이가 스스로 결정할 수 있는 능력을 키워나감으로써 오히려 어린이의 자기 결정 권리를 강화한다. 교육 없이는 올바른 결정 능력을 키울 수 없다. 신중한 결정을 내릴 수 있는 능력은 종교 교육의 포기가 아니라, 올바른 형태의 종교 교육을 통해 비로소 가능해진다. 그렇다면 과연 종교 교육의 목표는 무엇인가? 어떤 모습의 종교 교육을 펼쳐 나아가야 하는가?

어린이의 자기 결정 권리를 존중하는 종교 교육은 어린이에게 어떤 신앙의 교리를 일방적으로 주입하는 종교 교육이어서는 안 된다. 그 대신 어린이의 종교적 성숙을 목표로 삼아야 한다. 그러기 위해서는 어린이가 스스로 판단하고 결정하는 능력을 계발하도록 도울 수 있는 종교적 배움이 필요하다. 이것이 구체적으로 무엇을 의미하는지는 세 번째 파트에서 좀더 자세히 다룰 것이다. 여기에서는 일단 그 근본 입장만 간략히 피력해 보겠다.

어린이의 판단력과 결정 능력 계발을 돕는다는 것은 어린이의 주체됨을 인정하지 않는 일체의 교육 형태와 결별하는 것이다. 외부로부터 어떤 영향력을 가해서— 때로는 강제와 처벌과 위협으로, 때로는 참견과 설득으로—어린이를 바꾸려고 하는 교육 환경에서는 결코 어린이가 주체가 될 수 없다. 이런 것들은 자유로운 종교 교육과 양립할 수 없다. 이런 '교육 수단'과 결별해야 한다는 주장은 어린이들과 함께하는 시간이 항상 평온하다는 뜻은 아니다. 어린이들을 대하다보면 강제, 처벌, 위협 등이 늘 반복된다. 그러나 종교 교육만큼은 그와 다른 방법을 선택해야 한다. 어린이가 스스로 신앙의 길을 찾아가야 하기 때문이다.

어린이의 자기 결정 권리와 종교 권리, 이 둘은 어린이의 성숙 Mündigkeit을 지향하는 교육 차원에서 하나로 어우러질 수 있다. 성숙이라는 말이 단지 미사여구에 그치지 않으려면, 또 종교적 성숙이 실제로 종교 교육의 목표가 되려면, 훗날 어린이가 어떤 특정한 신앙을 거부하거나, 나아가 모든 형태의 종교를 거부하는 것까지도 담을 수 있는 성숙이어야 한다. 이러한 성숙이 종교 교육의 목표라면 종교 교육의 전체적인 틀도 바뀌지 않을 수 없다.

어린이가 훗날 신중한 결정을 통해 어떤 종교적 신념을 자기 것으로 받아들이거나 혹은 거부할 수 있기 위해서는 어떤 지식과 경험이 필요한지, 종교 교육에 임하는 사람들은 철저하게 고민해야 한다. 한 걸음 더 나아가 어린이들이 자기 스스로 그러한 결정을 내릴 수 있는 능력과 자격을 갖출 수 있어야 한다는 점을 자각해야 한다.

이런 요청이 너무 큰 도전이라고, 심지어 모순이 아니냐고 생각하는 부모나 교사가 있을 것이다. 정말 그런 성숙을 추구한다면 결국 종교 교육은 스스로의 존재를 지워 없애는 것이 아닌가? 어른이 어린이에게 이것이야말로 인생의 목표라고 제시하는 것들이 있을 텐데, 교육의 최종 단계에서 어린이가 바로 그것마저 거부할 수 있어야 한다는 것, 이것은 어린이의 성숙을 목표로 삼은 근대 교육학의 핵심적인 내용 가운데 하나다. 물론 어린이들은 어른들이 선하고 바람직한 것으로 여기는 것을 배우고 경험할 수 있다. 그러나 성숙을 지향하는 교육은 자주적인 젊은 세대가 기성 세대의 소망과는 다른 선택을 내리는 것까지 감수할 수 있어야 한다.

교육과 가정의 변화, 그리고 새로운 기회

이번 파트의 서두에서 어른들이 종교 교육과 관련해 느끼는 어려움을 이야기하면서, 그런 어려움과의 대면이 종교 교육을 새롭게 하는 계기가 될 수도 있다는 이야기를 했다. 이제 다시 그 이야기로 돌아가 보자. 도대체 그게 정확히 무슨 뜻인가?

세 가지 기본 조건

어른이 느끼는 그 어려움이야말로 올바른 종교 교육을 펴 나가는 데 기본 조건이 될 수 있다. 부모와 교사의 입장에서 수용할 만한 종교 교육을 위해서는 다음의 세 가지 기본 조건이 충족되어야 한다.

 먼저, 자기 자신의 발달 경험과 비판적으로 대면할 때 비로소 올바른 종교 교육이 가능하다. 과거 자신이 겪었던 부정적인 종교 교육의 경험을 떠올리면서 지금 어린이들에게 같은 문제가 생기지 않도록 하는 것이 중요하다. 이것이 부모나 교사가 취할 수 있는 소극적 차원의 교육 태도다. 이 조건의 적극적 차원은 다음 두 가지로 나누어볼 수 있다. 첫째, 오늘날의 종교 교육은 어린 시절 자신을 옭아매고 내리누르던 잘못된 종교 교육이 되풀이되지 않도록 하는 차원을 넘어 어린이에게 더욱 자유로운 형태의 교육을 제공해야 한다. 둘째, 종교 교육은 어른 스스로에게도 자신의 지난날과 비판적으로 대면할 수 있는 교육의 장이 되어야 한다. 학부모 세미나, 종교 교사 연수 등의 프로그램에서는 참석자 자신의 이야기를 풀어내고 그 이야기를 나누는 것으로 첫 시간을 꾸며볼 수 있을 것이다. 그러면 단순히 종교 교육의 내용이나 방법을 전달받는 데 그치는 행사는 되지 않을 것이다. 자기 삶의 이야기와 대면하다보면 어린 시절에 품었던 신앙에 대한 질문이 떠오르게 마련이다. 상당히 많은 사람들이 아동기의 신앙과 다소 충돌을 일으키다가 그 신앙과 결별한다. 그런데 이 결별과 동시에 종교적 질문에 대한 의식적 성찰도 멈춰버리는 경우가 허다하다. 그럴 경우 이제 어린이의 중대한 질문과 마주하여 자기의 어릴 적 신앙 외에 다른 무언가에 기댈 수 있는가? 어린이의 신앙이 아니라 어른의 신앙이 있다면 그것은 어떤 모습일까? 나름대로 진지하게 묻고 있는 어린이에게 어떤 대답을 해줄 수 있을까? 여기서 바로 두 번째 요구와 만나게 된다.

둘째, 자기 자신의 물음과 의혹을 부정하지 말아야 한다. 신앙과 관련된 문제에서 자신이 느끼는 불확실함과 여러 가지 질문과 의혹이 종교 교육에 방해가 된다는 생각이 널리 퍼져 있다. 바로 이런 생각이야말로, 또 그와 연관된 편협한 종교 교육에 대한 이해야말로 진부하고 의심스럽기 그지없다. 그것은 어린이를 주체적인 인격, 즉 자기의 물음과 해석을 통해 적극적으로 배움에 임할 수 있는 존재로 인정하지 않는 것이다. 거기에는 이미 확정된 정답을 어린이에게 그냥 전달하면 된다는 식의 사고가 깔려 있다. 그러나 물음과 의혹은 종교 교육의 중요한 동기가 될 수 있고, 어른과 어린이 사이의 대화를 통해 계속 답을 찾아 나아갈 수 있는 촉매제가 될 수 있다.

어린이의 이런 질문과 의혹 못지않게 어른들의 질문과 의혹도 중요하다. 최근 연구에 의하면 어린이들은 지금까지 생각했던 것보다 훨씬 일찍부터 진지하게 묻고 의심하기 시작한다. 어린이의 신앙은 모든 면에서 조화롭기만 한 어린이 세계의 반영이라고 말할 수 없다. 유치원에서건, 가정에서건 어른으로서 자기 자신이 스스로 믿지 않는 무엇인가를 가르친다는 것은 있을 수도, 있어서도 안 되는 일이다. 게다가 어린이들은 이 문제에 관해서는 아주 예민한 감각을 갖고 있어서 어른들이 그냥 '어린이들을 위해서'라고 말하는 것과 진정한 감동에서 우러나오는 말을 가려낸다. 그렇다고 해서 어린이들에게 이야기를 들려주거나 함께 노래를 부르기에 앞서 성경 이야기의 토씨 하나, 노래 가사 하나를 다 따져봐야 한다는 것은 아니다. 중요한 것은 개별 문구들이 아니라 종교 교육을 대하는 기본 자세, 다양한 질문과 의혹에도 열려있는 자세이다.

어린이의 질문과 의혹, 또 자신이 갖고 있는 질문과 의혹에 열려 있는 자세는 어른들이 자기의 지나온 인생 여정 어딘가에서 경험한 신앙과 다시 만날 수 있는 계기를 마련해 주기도 한다. 의미 있는 삶을 위한 믿을 만한 토대를 추구하는 일은 특히 어른들에게는 자유롭고 열린 분위기가 갖추어졌을 때 비로소 가능해진다.

셋째, 어린이의 자기 결정권은 반드시 보장되어야 한다. 신앙에 관련된 질문과 마주했을 때, 또는 신앙 교육을 위한 각종 프로그램에 참여할 것인지를 결정할 때 어린이는 스스로 결정할 수 있어야 한다. 오늘날 많은 어른들이 여기에 동감하고 있다. 이 책의 핵심 주제인 어린이의 종교 권리 혹은 종교적 동반의 권리도 결국 어린이의 자기 결정권에 위배되지 않는 한도 내에서 설득력이 있다. 이것을 좀더 적극적으로 표현하면, "모든 종교 교육은 어린이의 자기 결정권을 존중하고 이 권리를 최대한 뒷받침해 주고 그 실현을 돕는" 것이어야 한다.

그러므로 일체의 강요나 교리 주입 따위는 애초부터 근절해야 마땅하다. 이런 것들은 종교 교육이라는 이름에 전혀 걸맞지 않는 왜곡되고 그릇된 형태들이다. 언어적·물리적 힘을 써서 어린이를 좌지우지하려고 해서는 안 된다. 어린이가 충분히 이해하고 받아들일 수 있는 교육, 성경 이야기와 노래와 기도의 경험에서 기쁨을 느낄 수 있는 교육이어야 한다. 그것은 그저 피상적으로 '화기애애한 분위기'를 조성하자는 말이 아니다. 흔히 말하는 '긍정적 사고'를 유도하려는 것도 아니다. 이런 얄팍한 시도들에는 근본적인 진지함이 결여되어 있기 때문에 결코 바람직한 교육 형태라 할 수 없다. 우리가 추구하는 종교 교육은 어린이가 자기의 경험과 깨달음을 바탕으로 성장할 수 있게 하고, 또한 종교적 관심도 맘껏 펼쳐질 수 있도록 돕는 것이다.

이 세 가지 조건은 종교 교육의 걸림돌이 아니다. 교육학이나 심리학, 신학이나 종교 교육학 어느 면에서 보더라도 분명히 찬성할 만한 조건이다. 종교 교육에 대한 이런 새로운 이해는 현대 독일의 종교 교육학이 추구하는 방향과도 일치한다.

'삶의 이야기'라는 지평에서의 종교 교육

여기에서 한 가지 짚고 넘어가야 할 것이 있다. 신학과 종교 교육학은 학문적인 입장에서 종교 교육에 대해 깊이 연구하고, 또 그에 상응하는 모델을 적극적으로 계발하는 것과 동시에 종교 교육과 결부된 부정적인 경험이나 문제점도 자세히 따질 줄 알아야 한다. 이것은 종교 교육의 '종교 교육다움'을 위한 일종의 품질 검사라고 이해할 수 있을 것이다. 교육학이나 심리학의 경우처럼 종교 교육학도 자기의 연구 분야에서 언제든지 일어날 수 있는 부작용이나 그릇된 발달 형태에 대해서 책임 있는 설명을 할 수 있어야 한다. 그런 왜곡된 형태와 부작용의 원인을 꼼꼼히 점검하지 않고서는 종교 교육의 품질을 보증할 수 없다.

이와 관련하여 주목할 만한 흐름이 있다. 최근 몇십 년 전부터 종교 교육학이 개개인의 전기傳記에 큰 관심을 두고 있다는 사실이 바로 그것이다.[17] 특히 발달심리학과 정신분석학과 대화하면서, 또 종교 교육의 구체적인 현장과 만나면서 개개인의 전기와 결부된 요소들이 얼마나 중요한지 분명해졌다. 우선 어린이와 관련해 전기적 요소의 중요성을 생각해 보자. 종교 교육이란 모름지기 어린이의 종교적 발달과 보조를 맞춰야 한다. 종교 교육은 어린이의 삶 속에 일찍부터 나타나는 여러 가지 경험과 위기에 민감해야 한다. 다른 한편 어른의 전기, 즉 삶의 이야기도 그에 못지않게 중요하다. 어른의 신앙 이야기는 자신이 겪은 '삶의 이야기'와 긴밀하게 연결되어 있으며, 그들이 맞닥뜨린 삶의 위기는 실존적인 차원을 내포하고 있기 때문이다. 종교적 전기의 단절 혹은 재개도 눈여겨볼 만한 대목이다. 이로써 종교 교육학이 이 시대의 부모와 교육자가 공감할 만한 종교 교육의 조건에 상당히 근접하고 있다는 사실은 단순한 우연이 아님을 알 수 있다. 그것은 이론과 실천, 학문과 일상이 동일한 역사적 상황에서 서로 영향을 주며 변화하고 있음을 보여주는 것이라 하겠다.

교육학과 종교 교육학만 변한 것이 아니다. 신학 내에서도 그리스도교 신앙에 대한 해석에 큰 변화가 생겼다. 추상적인 교리나 생산하고 삶과 동떨어진 가르침을 고집하는 것이 바로 신학이라는 주장은 더 이상 신학 전반에 대한 적합한 평가가 될 수 없다. 가톨릭 교회에서 공표한 '세계 교리 문답'만 보더라도 신학을 실천과는 무관한 교회 운영 지침이나 로마 교황의 정책쯤으로 간주하기가 어려워졌다. 수십 년 전부터 내로라하는 신학자들이 밝혀낸 바와 같이 삶의 경험과 신앙은 긴밀한 연관성을 띠고 있다. 가톨릭 신학자 칼 라너Karl Rahner는 "우선 인간에 대해 말하는 것"이 신학자의 과제라고 주장했다.[18] 개신교 신학자 게르하르트 에벨링Gerhard Ebeling과 에버하르트 융엘Eberhard Jüngel은 신앙이란 "경험과 함께하는 경험Erfahrung mit der Erfahrung"이라고 했다.[19] 그리스도교 신앙은 인간의 경험 저편에 있는 추상적인 사유의 세계가 아니라, 삶의 경험과 만나 그 경험을 끌어안고 새롭게 이해할 수 있게 하는 것이라는 말이다. 이러한 신학과 신앙에 기초한 종교 교육이라면 어린이와 어른의 경험 세계를 그 바탕으로 삼지 않으면 안 된다. 요컨대 삶의 이야기라는 지평에서 종교 교육을 재구성하는 일은 신학과 종교 교육학의 변화를 반영한 것으로, 지금 이 시대를 살아가는 어른들의 요구에도 부응하는 것이다.

가족과 교육 기관에서의 종교 교육

하지만 그런 변화가 모든 문제를 해결해 주는 것은 아니다. 그럴싸한 말만 늘어놓고 결국에는 부모나 교사에게 또 다른 부담만 안겨주는 변화여서는 안 된다. 그러기 위해서는 여전히 우리에게 숙제로 남아 있는 것이 무엇인지 짚고 넘어갈 필요가 있다.

어린이의 종교 권리 혹은 종교적 동반의 권리를 부모나 교사에 대한 어떤 도덕적 요구로 내세우는 것은 잘못된 일이다. 어린이를 위한 종교적 동반이 제대로 이루어지지 않는 것은 단순히 내용상의 문제 때문만은 아니다. 요즘 가정에서 더 큰 문제로 부각되고 있는 것은 시간 부족과 스트레스다. 많은 부모들이 이런저런 일과 요구와 의무에 치여서 꼼짝도 못한다. 물론 여기에서 이런 현상의 원인까지 밝히고 들어갈 수는 없다. 하지만 현재 부모들의 처지가 어린이의 종교적 동반 과제를 홀로 떠맡을 만한 처지가 아니라는 것만큼은 분명하다. 부모들에게는 지원이 필요하다. 일반 교육과 관련된 영역에서도 그렇고, 종교 교육에서도 그러하다. 다른 교육 시설, 예컨대 유치원이나 교회에서 제공하는 교육 프로그램이 도움이 되는가? 부모가 자녀 교육으로 인해 지나친 부담을 갖지 않게끔 돕는 것이 당연히 유치원의 주된 과제이다.

이 과제는 종교 교육에도 해당된다. 부모 입장에서는 유치원이 어린이의 종교적 동반에 도움을 줄 것이라고 기대할 수 있다. 하지만 유치원 역시 점점 늘어나는 기대와 요구 때문에 어려움을 겪는다는 점을 고려할 필요가 있다. 유치원이 모든 종교 교육의 과제를 감당할 수 있을 것이라고 기대해서는 안 된다. 결국 어린이의 종교 권리는 교회에 대한 물음으로 이어진다. 지금 어린이들은 자신에게 꼭 필요한 교회를 찾았을까? 지금의 교회는 어린이들에게 알맞은 교회인가? 교회 공동체는 어린이들에게 무엇을 줄 수 있고, 또 무엇을 주어야 하는가? 우리는 이 책 세 번째 파트의 결론에서 이 물음과 다시 만나게 될 것이다.

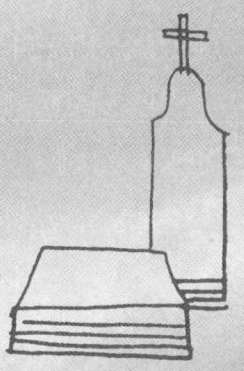

세 번째 이야기

어린이와 함께 경험하고 고민하는 삶

교육의 종교적 차원을 고려한다는 것은 어린이를 대하는 총체적인 태도의 변화를 의미한다. 그것은 어린이를 나의 파트너로 인정할 수 있는 태도이다. 나름대로의 종교적인 물음을 가지고 있는 나의 파트너, 보고 듣고 만질 수 있는 세계에서만 살아가는 것이 아니라 더 깊고 넓은 의미의 세계를 경험하고 싶어하는 나의 파트너를 인정하는 자세 말이다.

어린이의 권리와 종교 교육의 실천

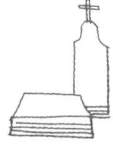

이제 지금까지의 논의를 바탕으로 무엇을 실천할 수 있는지 살펴보도록 하자. 실천의 문제는 아주 중요한데, 이는 어린이의 종교 권리 및 종교적 동반의 권리가 애당초 실천을 위한 논의이기 때문이다. 그 권리가 정말 현실적이려면 무엇보다도 구체적인 실천을 통해 어린이의 기대와 필요를 충족시킬 수 있어야 한다. 또한 이런 새로운 실천의 추진력은 어린이를 위한 종교적 동반이 곧 어린이의 권리라는 깨달음에서 비롯된다는 사실을 분명히 인식해야 한다. 그렇지 않고서는 이 모든 것이 그저 듣기 좋은 말에 불과하다는 비난을 받을 수 있다.

지금부터 이 책에서 다루게 될 내용은 그럴싸한 지침 따위가 아니다. 이 책의 주된 관심은 종교 교육의 실천 중에서 과연 무엇이 어린이가 정당한 권리를 누릴 수 있게끔 하는 실천인지 생각해 보는 것이다. 여기에 착안하여 몇 가지 테마를 다루되, '어린이와 함께 신학하기'와 같은 새로운 모델의 가능성을 살피면서 동시에 '성경 이야기 들려주기' '어린이와 기도하기'와 같은 전통적 형태의 교육 방식을 새롭게 조명하게 될 것이다. 그런 다음 아주 어려운 문제, 즉 "어린이에게 정말 교회가 필요한가?" 하는 문제를 살펴볼 것이다. 먼저 종교가 어린의 권리라고 말할 때 염두에 두어야 할 목표 두 가지를 부각시킬 필요가 있다.

종교를 배제한 교육은 불가능하다

만일 종교와 종교적 동반이 어린이의 권리라면 종교는 필연적으로 어린이에 대한 교육 내용의 일부가 될 것이다. 이 말은 모든 교육의 영역에서 종교적 물음이 영향력을 행사해야 한다는 의미가 아니다. 그렇게 되면 종교 교육은 어린이에게 합당한 교육이 아니라, 오히려 그와 정반대가 되고 말 것이다. 그런 종교 교육이라면 결국에는 혐오와 기피의 대상이 될 게 뻔하다.

종교가 교육의 일부라는 말은 종교적 차원을 고려하지 않는 교육은 온전한 교육이 될 수 없다는 의미이다. 종교적 차원을 적절히 고려한다는 것은 어떤 가시적인 행위에 집착하는 것과는 거리가 멀다. 우리 아이에게 성경 이야기를 몇 개나 읽어주었는지 헤아린다거나, 아이와 얼마나 자주 기도하느냐로 종교 교육의 질을 평가하려 한다면 그것은 빗나가도 한참 빗나간 생각이다. 교육의 종교적 차원을 고려한다는 것은 어린이를 대하는 총체적인 태도의 변화를 의미한다. 그것은 어린이를 나의 파트너로 인정할 수 있는 태도이다. 나름대로의 종교적인 물음을 가지고 있는 나의 파트너, 보고 듣고 만질 수 있는 세계에서만 살아가는 것이 아니라 더 깊고 넓은 의미의 세계를 경험하고 싶어하는 나의 파트너를 인정하는 자세 말이다. 삶의 의미에 대한 여러 가지 해석과 경험으로 이루어진 종교의 공간, 우리의 삶에 방향타를 제공해 주는 그 공간도 어린이에게 열려 있는 공간이다.

부모가 그 공간을 어떻게 활용하는 것이 좋은지에 대해서는 일반적인 합의도 없고 규정 같은 것은 더더욱 없다. 어떤 가정에서는 가풍에 따라 아이가 잠자리에 들기 전에 성경 이야기를 들려주거나 기도를 해주는 것이 제일 좋을 것이고, 밤에 그런 시간을 갖기 어려운 가정이라면 다른 방법이 있을 수도 있다. 가령 차를 타고 장을 보러 가다가도 난데없이 죽음에 대한 얘기가 나와서 아이와 대화를 나눌 수도 있다. 체육관이나 놀이터에서 아이를 데리고 오는데 갑자기 하나님에 대한 질문이 튀어나오기도 한다. 함께 텔레비전을 보다가 아이가 어떤 반응을 보였는데, 그것이 진지한 대화로 발전할 수도 있다. 이 모든 것이 어린이를 위한 종교적 동반의 중요한 단초가 될 수 있다.

원래 질문이란 아무도 예상하지 못한 것이었을 때 정말 의미심장한 질문이 된다. 그런 당황스러운 질문을 진지하게 듣고, 어린이와 함께 그 물음에 대해 깊이 생각하는 시간을 갖는 것이 필요하다. 여기서 중요한 것은, 어른에게는 전혀 중요하지 않은 것처럼 보이는 문제를 엄마 아빠가 열린 마음으로 대하면 어린이가 그런 마음자세를 느낀다는 사실이다.

"종교를 배제한 교육은 불가능하다"는 명제는 유치원이나 학교 같은 교육 시설을 염두에 둘 때 또 다른 의미를 지닌다.[1] 독일에서는 초등학교 때부터 종교 수업을 하는데, 우리의 명제는 이런 수업의 존재 이유를 재확인해 준다. 독일의 공공 학교에서는 대부분 종교 수업의 필요성을 인정하고 있다. 유치원의 경우는 상황이 좀더 복잡하다. 과거에는 유치원의 종교 교육을 당연하게 여겼지만, 지금은 그것이 유치원의 교육 취지에 부합하는지 확실하게 말할 수 없는 상황이 되어버렸다. 요즘 어린이들은 옛날과는 달리 매우 다양한 종교적 배경을 갖고 있지만, 그것이 "유치원에서는 종교 교육이 필요 없다"는 주장의 근거가 될 수는 없다. 어린이의 종교 권리를 소중하게 생각한다면 오히려 종교적 다양성이 종교 교육의 필요성을 말해준다고 볼 수 있어야 한다. 유치원 어린이들의 가정에서 믿는 종교가 다양하다면, 그 어린이들에게 알맞은 교육적인 안내도 그만큼 필요해지기 때문이다.

나는 이러한 유치원의 상황에 알맞은 종교 교육을 발전시키자는 취지에서 "어린이에게는 희망이 필요하다—유치원의 일상 속에서 만나는 종교"라는 새로운 교육 모델을 소개하고 있는데,[2] 이 모델의 핵심은 유치원의 일상 속에서 나타나는 어린이의 권리와 종교에 대한 물음이다. 여기에서 나는 유치원의 공간, 시간, 인간관계, 이야기 등 유치원의 모든 영역에 걸쳐 시대 상황에도 부합하고 종교 교육학적으로도 바람직한 실천 방법을 제안하고 있다. 어린이와 함께하는 삶과 노동의 모든 차원에서 종교적 동반의 권리를 의식하자는 것이다. 이 새로운 종교 교육 모델을 모색하는 과정에서 우리는 어린이의 권리와 종교 교육의 다양한 형태가 어떤 관계를 맺고 있는지 묻지 않을 수 없다.

어린이에 대한 존중이 없는 종교 교육은 불가능하다

어린이를 존중하라는 요구가 아직도 필요한가? 그런 요구가 그저 당연한 잔소리쯤으로 들리는 사람들도 있을 것이다. 하지만 정말 그렇게 당연한가? 야누쉬 코르착은 '어린이가 존중받을 권리'와 관련해 매우 중요한 글을 남겼다.[3] 그 가운데 일부를 인용해 보겠다.

아주 어렸을 적부터 우리는 큰 것이 작은 것보다 중요하다는 느낌 속에서 자라난다. 어린이를 책상 위에 올려놓으면 그 어린이는 '나는 크다'고 생각하며 좋아한다. 같은 또래의 다른 아이 옆에 서서 키를 재다가 '난 너보다 커' 하면서 으스대곤 한다…… 크고 넓은 것만이 존중과 감탄을 자아낸다. 작다, 그것은 흔한 것이어서 별로 재미가 없다. 작은 사람들, 작은 욕구, 작은 기쁨, 작은 슬픔.

코르착은 이 점을 염두에 두고 어린이에 대한 존중과 '이방인'에 대한 존중을 요구한다.

어린이는 이방인과 같아서 말도 못 알아듣고, 길도 모르고, 규칙과 관습도 모른다. 어떤 때는 자기가 그런 걸 직접 찾아내려고 한다. 그러다가 안 되면 어떻게 해야 할지 묻는다. 어린이에게 길을 안내해주고 어린이의 물음에 대답해주는 사람이 필요하다. 우리는 어린이의 무지를 존중해야 한다. 우리는 어린이의 호기심을 존중해야 한다. 우리는 어린이의 실패와 눈물도 존중해야 한다.

코르착은 이 모든 것을 요약해서 "어린이가 있는 그대로의 모습으로 존재할 수 있는 권리"라고 했다. 어린이의 입장에서 종교 교육을 이해하려는 우리의 생각도 코르착의 견해를 따르고 있다. 이제 종교 교육은 과거에 자꾸만 되풀이되던 세 가지 오해 혹은 세 가지 왜곡된 형태로부터 완전히 벗어나야 한다.

먼저, 종교 교육은 결코 교회의 권리가 아니다. 물론 교회는 어린이를 위한 종교 교육 프로그램을 계발할 권리와 의무를 지니고 있다. 하지만 종교 교육은 교회의 권리 주장이 있기 때문에 존재하는 것이 아니다. 과거에는 어린이가 교회에서 세례를 받았기 때문에 교회가 어린이 종교 교육에 대한 법적인 권리를 지니고 있다는 주장이 제기되기도 했다.[4] 그러나 이제 그런 식의 사고방식은 두 가지 이유에서 거부되어야 마땅하다. 첫째, 그런 주장은 교회의 본질과 부합되지 않는다. 즉 진정한 교회라면 어린이와 가정을 상대로 어떤 법적인 권리를 주장하거나 부당한 요구를 내세우지 않는다. 둘째, 그런 식의 권리 주장은 교회와 일반 가정과의 관계에 불필요한 부담을 준다. 종교 교육은 교회의 권리가 아니라 어린이의 권리이다. 이것을 종교 교육의 구체적인 실천과 관련시키면 다음과 같은 결론이 나온다. "종교 교육은 단순히 어린이를 교회로 이끌기 위한 교육이 아니며, 어린이가 교회의 일원이 되는 것을 목표로 삼아서도 안 된다. 종교적 동반으로서의 종교 교육은 어린이의 발달에 보조를 맞춘다. 그 과정에서 교회도 중요한 역할을 감당할 수 있지만 교회가 종교 교육의 의미와 필요성을 좌우할 수는 없다."

두 번째로, 종교 교육은 결코 국가의 권리가 아니라는 점이다. 오늘날까지도 종교 교육의 존재 이유를 사회 질서를 유지하는 데 필요하다는 생각이나, 노동력 시장에서 요구되는 여러 가지 덕목을 함양시키고 노동 능률을 향상시키려는 의도와 연관 지어 보는 경향이 있다. 여기서 중요시되는 것은 어린이의 바람이나 물음이 아니라 사회적 가치관의 형성이다. 물론 어린이의 권리에 기초한 종교 교육이 현대 사회의 평화로운 공존에 이바지하는 바가 없지 않다. 특히 종교 교육은 어린이들이 종교적 관용을 배울 수 있는 기회가 된다. 하지만 종교 교육을 단순히 가치관 교육으로 제한할 수는 없다. 종교 교육은 어린이가 어떤 질문을 할 때 그것이 사회적으로 중요한 가치관과 무관한 것이라 할지라도 진지하게 받아들여야 한다. 교육의 영역에서는 어린이의 판타지, 삶의 의미에 대한 물음, 아늑함과 확실함에 대한 어린이의 욕구가 국가의 정치적 의도나 경제적 이해 관계보다 우선시되어야 한다.

마지막으로, 종교 교육은 결코 어른의 권리가 아니다. 전후 독일의 '인간의 권리와 기본적 자유 보장' 협정을 보면, 부모는 "자기의 세계관과 종교적 확신에 의거하여 교육과 수업을 확보할" 권리를 갖는다는 표현이 나온다.[5] 그러나 이 권리를 어린이에 대한 부모의 권리로 이해해서는 안 된다. 오히려 이 권리는 국가에 대한 부모의 권리, 즉 국가 권력 앞에서 스스로를 방어할 수 있는 권리이다. 과거 독일에서는 국가가 부모 위에 군림해서 자녀들의 세계관 교육과 종교 교육에 간섭하는 일이 비일비재했다.

어린이들을 생각하면서 우리는 앞에서 인용한 야누쉬 코르착의 말을 다시 한번 상기할 필요가 있다. 어른들은 자기가 가지고 있고 기대하고 있는 어린이에 대한 이미지에 맞게 아이를 키우려는 유혹에 자주 빠진다. 이것은 한마디로 어린이를 존중하지 않는 것이다. 코르착이 말한 "어린이가 있는 그대로의 모습으로 존재할 수 있는 권리"가 종교 교육에도 그대로 적용되는 말이라면, 또 어린이가 종교적 물음과 관련해 스스로 답을 찾아 나설 권리가 있다면 어른들은 어린이의 신앙을 마음대로 좌우하려는 생각을 버려야 한다. 또한 어린이가 어떤 교회에 다닐지 어떤 종교를 선택할지를 어른이 결정하려 해서도 안 된다. 이 책 두 번째 파트에서 진술한 것처럼 종교 교육은 어린이의 자기 결정 능력을 지지하는 것이어야 하고, 그러기 위해서는 어른이 어린이를 위한다는 명목으로 어떤 돌이킬 수 없는 결정도 내려서는 안 된다.

오해를 피하기 위해서 다시 한번 강조하지만, 어린이의 자기 결정 능력을 중시하는 종교 교육은 결코 종교 교육의 포기를 의미하지 않는다. 일체의 종교적 물음으로부터 차단시킨다고 해서 어린이가 더 좋은 결정을 내릴 수 있는 것은 아니다. 종교 교육은 어른의 권리가 아니라 어린이의 권리라는 것을 이해한다면, 모든 교육의 현실 속에 불가피하게 따라붙는 외적 규제에도 불구하고 종교 교육의 최종 목표는 어린이의 독자적인 결정을 강화하는 것이라는 사실을 부각시켜야 한다.

어린이 철학과 어린이 신학

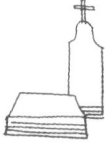

얼마 전부터 독일에서는 어린이를 철학자라고 부르는 것이 흔한 일이 되었다. 각종 대중 매체에서도 '어린이와 함께 철학하기'라는 주제에 상당한 관심을 보이고 있다. 그러나 '어린이와 함께 신학하기'는 아직 그 단계에 미치지 못하고 있다. 어린이라는 말과 신학이라는 말을 함께 붙여놓으니 아주 낯설고 황당한 느낌도 든다. 왠지 부적절하다는 느낌도 지울 수 없다. 신학은 감히 어린이가 근접할 수 없는 학문이 아닌가!

하지만 지금부터 우리는 이 어린이 신학이야말로 어린이의 종교 권리에 입각한 새로운 실천을 구체적으로 제시해 주고 있다는 것을 확인하게 될 것이다. 이러한 종교 교육 실천에 많은 자극을 준 '어린이와 함께 철학하기'에 대해 먼저 살펴보도록 하자.

어린이와 함께 철학하기

독일에서 어린이 철학이 널리 알려지게 된 것은 한스 루드비히 프레제Hans-Ludwig Freese의 《어린이는 철학자》라는 책 때문이다.[6] 프레제는 어린이의 질문을 진지하게 받아들여야 한다고 말하는데, 어린이의 질문은 인간 존재의 근원적 물음과 맞닿아 있을 때가 자주 있기 때문이다. 그가 원하는 것은 "부모들이 자녀와 함께 그 근본적인 물음을 깊이 생각해볼 수 있는 용기"를 갖는 것이다. 프레제가 드는 몇 가지 사례를 보면 이 말이 무슨 뜻인지 더 분명하게 알 수 있다.

주의 깊고 이해심 많은 부모나 교사라면 어린이의 말이나 질문 중에서 어떤 것은 단순한 것 같으면서도 아주 깊은 생각이 배어 있어, 넓은 의미에서 '철학적'이라고 할 만한 것도 있다는 사실을 잘 알고 있다. "나는 이 세상에 태어나기 전에는 뭐였을까?" "시간은 언제부터 있었을까?" "하나님이 이 세상을 만들기 전에는 뭐가 있었지?" "지금 내가 보고 있는 것이 진짜인가, 아니면 영화 속에서처럼 그냥 꿈인가?" "우리는 왜 사는 걸까?" "동물이나 컴퓨터도 우리처럼 생각하고 느낄 수 있을까?" "왜 이 세상에 나쁜 일이 일어나고 또 고통받는 사람들이 있는 걸까?" "이 세상에 확실한 게 있을까?" "진짜 우정은 뭐야?" "항상 진실만 말해야 하나?" "생각이란 게 뭘까?" "이 세상 모든 일이 미리 정해져 있는 건 아닐까?" "내 눈에 보이지 않는 뭔가가 실제로 존재하는 걸까?" "무無라는 게 뭐지?" "그 무無라는 걸 상상하거나 생각할 수 있나?"

알겠지만 이 '골치 아픈 질문들'은 어른이라고 해서 금방 대답해줄 수 있는 것들이 아니다. 이러한 질문은 일상에서 그냥 무시되기 일쑤이다. 어떤 때는 시간에 쫓겨서, 어떤 때는 답을 알 수 없는 그 질문들에 불쾌감을 느껴서 그냥 지나쳐버린다. 그렇게 되면 어린이들과 함께 삶의 근본적인 물음을 사유할 기회를 놓치고 만다는 것을 어린이 철학은 우리에게 분명하게 보여준다.

어른이 어린이의 철학적 질문과 사유에 다가서는 것을 방해하는 또 한 가지 장애물은 다분히 어른의 관점에서 급조된 대답이다. 한 어린이가 "지금 내가 꿈을 꾸고 있는 건지 아닌지 어떻게 알 수 있어요?"라고 묻자, 어른이 한다는 말이 팔을 한번 세게 꼬집어보란다. 꿈을 꾸거나 잠을 자고 있는 거라면 금방 깨어날 거라고. 하지만 팔을 꼬집으면 꿈을 꾸지 못한다는 것을 어른들은 도대체 어디서 배웠단 말인가?

또 한 가지, 어른의 질문과 마찬가지로 어린이의 질문도 대개는 어떤 특정한 맥락에서 나온다는 것을 알아야 한다. 따라서 어른은 그 질문의 맥락을 세심하게 살필 줄 알아야 한다. 예컨대 "아이는 왜 자기가 꿈꾸고 있는 건지 아닌지 궁금해 할까? 그 질문 뒤에는 아이가 알고 싶어하는 또 다른 질문이 숨어 있는 건 아닐까?" 우리의 생각과 대답을 어린이에게 초점을 맞출 때만 어린이의 대화 파트너가 될 수 있다. 스위스의 교육학자이자 여성 철학자인 에바 촐러Eva Zoller는 이렇게 말한다.

> 어린이와 함께 철학을 하려는 사람은 풀리지 않는 문제의 세계로 자기도 직접 뛰어들려는 자세가 되어 있어야 하며, 언뜻 당연해 보이는 많은 것들을 어린이처럼 참신한 눈으로 새롭게 보기 위해 노력해야 한다. 이런 자세와 노력은 어린이야말로 어른들이 진지하게 받아들여야 할 대화 파트너라는 확신 없이는 불가능하다.[7]

우리는 이 말에 동의하지 않을 수 없다. 어린이가 어른의 '대화 파트너'라면, 어른만이 어린이의 선생인 것이 아니라 어린이도 어른의 선생이 될 수 있는 것이다. 어른도 어린이와 함께 배울 수 있으며, 어린이와의 대화를 통해 새로운 문제 의식과 대답을 찾을 수 있다.

어린이와 함께하는 철학은 어떻게 시작하고 또 어떻게 실천할 수 있는가? 어린이 철학의 이론가들은 그리스의 철학자 소크라테스와 그의 산파술에서 그 해답을 찾으려고 한다. 어른의 질문과 재질문이 어린이로 하여금 자기의 생각을 정리하고 질문을 심화하도록 하는 데 도움을 줄 수 있다는 것이다. 제일 먼저 질문을 던지는 사람은 어린이 자신이다. 어린이의 질문은 갑자기 뚱딴지처럼 튀어나올 때가 많다. "왜 동물은 말을 못해요?" "사람은 왜 죽어요?" 어린이의 이런 질문을 막연히 기다리는 것만으로는 어린이가 철학적 사유에 자신 있게 나서게끔 할 수 없다. 그래서 철학적인 대화의 단초가 될 수 있는 이야기나 아동 도서, 짧은 텍스트를 사용할 필요도 있다. 거기서 한 걸음 더 나아가 프레제나 촐러의 경우처럼 창조적이고 재미있는 방법을 계발하여 어린이의 감관感官을 발달시키거나, 철학하기의 기초로서 무엇인가에 경탄하고 의심하고 질문을 던지는 법을 연습하게 할 수도 있다.

요컨대 어린이와 함께 철학하기란, 어린이가 스스로 묻고 생각하고 표현할 수 있도록 도와주고 격려해 주는 방법을 뜻한다. "어린이는 철학자"라는 말이 강조하고자 하는 바는 어린이의 생각이 어른의 생각보다 결코 모자라거나 나쁜 것이 아니라, 어른의 생각과는 다르지만 나름대로 일관성 있는 논리를 내포하고 있다는 것이다.

어린이도 신학자?

어린이는 신학자이기도 한가? 과연 어린이를 신학자라고 부를 수 있는가? 먼저 그럴 수 없는 경우를 분명히 하자. 신학이라는 것이 신학 대학에서 전문적으로 가르치고 연구하는 신학적 지식을 뜻한다면 어린이는 신학자가 아니다. 그러나 어린이도 때로는 —어린이 철학의 경우와 비슷하게—신학적으로 볼 때 상당히 중요한 질문을 던지고, 때로는 그 질문에 대한 답을 스스로 표출하는 능력을 가지고 있지 않은가? 꼭 어린이 혼자서 그렇게 하는 것이 아니라, 어린이와 함께 신학하기를 꺼리지 않는 어른들과 대화하면서 말이다.

어린이 철학과 어린이 신학의 관계

어린이 철학에서 자주 입에 오르내리는 주제들을 살펴보면, 철학적이라고 할 수도 있지만 또 여러 면에서 신학적이라고도 할 수 있는 내용이 많다는 사실을 금방 알게 된다. 프레제의 경우, '행복' '시간' '죽음' '진리 추구' 등의 주제가 눈에 띈다. 에바 출러는 아예 명시적으로 "종교적 물음에 대한 철학적 접근"이라는 표현을 쓰고 있고, "천사는 모두 하나님 거예요?"라는 제목이 붙은 한 장章 전체를 이 주제에 할애한다. 출러가 이런 연구를 시작하게 된 동기는 "어린이의 고약스러운 질문, 그 질문 앞에서는 어른도 쩔쩔매면서 땀을 흘리거나 가만히 웃을 수밖에 없게 만드는 질문" 때문이다.

- 하나님은 하늘에 살아? 하늘은 어디서 시작해?

- 할머니는 이제 천사야?

- 기니피그도 죽으면 하늘나라에 가는 거야?

- 천사도 숨을 쉬나? 하늘나라에도 공기가 있어?

- 천사도 휴가가 있어?

- 하나님은 이 세상을 '발명'하기 전에 뭘 만드셨어?

- 정말 모든 동물하고 사람을 하나님이 직접 만드셨어? 나도?

- 왜 하나님은 귀찮게 모기를 만드셨지?

- 모든 게 다 하나님 거야? 왜 그래?

- 하나님은 내가 기도하는 걸 들으실 수 있어?

- 하나님이 모든 걸 다 보고 계시면, 왜 저 배고픈 아이들을 도와주지 않아?

- 하나님도 아주 작은 어린이였던 적이 있을까? 예수님 말고, 저 위 하늘에 있는 하나님 말야.[8]

적어도 어린이에게는 철학적인 물음이나 신학적인 물음이 서로 분리될 수 없는 밀접한 관계라고 말할 수 있을 것이다. 물론 에바 촐러는 다음과 같은 주장을 펼친다. 신학과 철학이 "하나님, 영혼, 삶과 죽음, 모든 것의 출발점과 종착지"를 묻는다는 점에서는 매우 유사하지만, 결국 종교란 것은 "전래된 신앙 전통과 이미 정해진 대답"을 전달하는 것인 반면 철학은 그보다는 더 '물음의

차원'을 견지하고 있다는 것이다.⁹

그러나 이런 구분은 명백하게 어른의 관점에서 나온 것이다. 특히 이런 식의 구분은 중요한 사실 하나를 간과하고 있다. 즉 어린이는 어떤 실재實在에 대해 물으면서 그 실재와 일정한 거리를 두고 지적으로 몰두하며 파악하는 것이 아니라, 그 실재를 직접 보고 붙잡고 경험함으로써 이해한다는 점이다. 더 정확히 말하자면, 어린이는 이 세상과 하나님을 그렇게 이해하는 것이다. 어른들은 하나님에 대한 '순수한' 말과 하나님을 향한 개인적인 말, 즉 기도를 구분하지만 어린이에게는 그 둘이 한 가지나 다름없다. 나이가 어릴수록 더 그렇다. 이것은 어린이가 하나님을 떠올릴 때 하나님을 인간과 직접적인 관계를 맺는 분이라고 생각하고, 인간도 하나님과 직접적으로 연결되어 있다고밖에는 생각할 수 없기 때문이다.¹⁰

종교 교육이라는 것이 결국 "전래된 신앙 전통과 이미 정해진 대답"을 전달하는 것이라는 출러의 견해는 또 한 가지 중요한 사실을 놓치고 있다. 그리스도교적 의미에서 종교 교육이란 확고부동의 가르침과 확고부동의 대답을 그대로 전수하는 것이 결코 아니라는 점이다. 종교 교육의 핵심은 영원불변의 전통 지식이 아니라 신앙, 즉 하나님과의 개인적인 관계이며, 이 관계는 결코 어떤 확고한 대답으로 대치될 수 있는 것이 아니다.

어린이 철학과 어린이 신학의 중요한 차이점 하나는 신학이 성경 이야기의 전달과 재연에 큰 비중을 둔다는 점이다. 그냥 놔두어도 때가 되면 어린이들 스스로가 삶의 중요한 문제에 대한 질문을 찾아낼 것이라고 믿어서는 안 된다. 우리는 성경에서 삶에 대한 중요한 질문만이 아니라 중요한 대답도 만나게 된다. 하지만 성경에서 발견하는 질문이나 대답을 어떤 확고부동의 정답으로 내세우거나 전달해서는 안 된다. 바로 이 부분과 관련해서 어린이 철학과 어린이 신학의 차이를 불필요할 정도로 과도하게 부각시킬 필요는 없다. 어린이 철학도 여러 가지 이야기와 자료를 활용하고 있다. 옛 이야기를 들려주거나 격언, 동화, 유대교 전승(하시딤)의 이야기들, 종교적 색채가 짙은 이야기나 전설을 활용하기도 한다.

독일의 교육학자 위르겐 욀커스Jürgen Oelkers도 어린이 철학과 어린이 신학 간의 긴밀한 관계를 인정한다.[11] 그의 주장에 의하면 "하나님은 어린이에게 '물음'으로 다가오는데 바로 그 물음 앞에서 모든 대답은 결국 수포로 돌아간다." 어린이의 하나님 이미지는 어린이가 묻는 물음의 독특함으로 형성된다는 것이다. 그 물음은 우리에게 어떤 모순—욀커스의 용어를 빌리자면 어떤 역설—을 인정하고 받아들이게끔 하는 물음이다. 그 역설이란 "상상할 수 없지만 상상할 수 있는 것의 역설die Paradoxie des vorstellbar Unvorstellbaren"이다. 이런 역설과 모순된 질문을 가능하면 외면하려는 어른과는 달리, 어린이는 그것들과 더불어 살아가며 언제라도 쉽게 그런 질문이나 역설의 세계로 빠져든다. 윌커스는 어른의 신앙도 "어린이가 던지는 질문의 급진성"에 의존하고 있다는 주장을 펴기까지 한다.

어른들은 어린이가 던지는 질문의 급진성을 모방할 수도 없고 스스로 만들어낼 수도 없다. 자기들도 어린이였을 때 그런 질문을 던져본 적이 있다는 사실, 그리고 그런 질문에 확고한 대답을 찾을 수 없었다는 사실을 알고 있을 뿐이다. 신앙의 문제는 본질적으로 대답 거부의 문제와 연결되어 있다. 모두가 받아들일 수 있는 대답이 이미 있었다면, 이 세상의 시작과 끝에 대한 질문은 앎이나 지식으로 해결될 수 있었을 것이다.

따라서 종교 교육도 어떤 확고부동한 정답을 전달하는 것이 아니라, 앞에서 말한 '대답 거부'의 문제와 어떻게든 결부되어 있다는 것이 윌커스의 견해이다.

어린이가 그려내는 하나님 이미지는 신앙 깊은 어른의 하나님, 교회의 하나님을 무조건 수용한 것이 아니다. 하나님은 대답이 아니라 물음으로 나타난다. 이것을 다르게 표현해 보자. 하나님은 도대체 무엇인지, 하나님이 '있는지', 있다면 어떻게 있는지 어른들은 믿을 만한 답을 말해줄 수 없기 때문에 어린이들에게 남아 있는 것은 물음뿐이다. 이렇게 배운 물음은 대답에 대한 저항력을 발휘한다. 그 물음이 이후의 삶 속에서도 계속해서 삶의 안정을 깨뜨리는 물음으로 되살아나는 것도 그런 이유 때문이다. 이렇게 정답이 거부되기 때문에 그 물음은 지속적인 의미를 지니게 되는 것이다.

여기서 말하는 것은 어린이가 하나님에 대해 물을 때 모든 대답을 거부해야 한다는 뜻이 결코 아니다. 하지만 모든 대답은 지속적으로 우리 안에서 솟아나는 물음, 즉 하나님에 대한 물음을 쓸데없고 지루한 것으로 만드는 대답이어서는 안 된다. 하나님을 어떤 개념으로 규정할 수 있는 것처럼 말해서도 안 된다.

수년 전 영국의 종교학자 에드워드 로빈슨Edwar Robinson은 과거에 직접 종교 교육을 받았던 어른들의 경험담을 모아 책으로 펴냈다. 여기서도 어른들이 특정한 하나님 이미지를 전달하는 것에 반대하는 목소리를 들을 수 있다.[12] 종교 교육이 어린 시절 자신의 물음과 경험을 촉진시켜 주기는커녕 어떤 특정한 하나님 이미지를 가르치는 데만 신경을 썼다는 불만이 많았다. 이 하나님은 '교회의 하나님'일 뿐 어린이들에게는 영 생소한 이미지라는 것이다.

어린이와 함께 신학을 한다는 것이 무엇인지 가장 설득력 있게 보여주는 모델을 하나 꼽는다면, 현재로서는 영국의 저명한 종교교육학자 존 헐John Hull이 아이들과 나눈 대화가 단연 으뜸이다.

그가 사례로 든 대화 가운데 하나를 여기 소개한다.

첫째 아이(여섯 살) : 하나님은 공기야?

아빠/엄마 : 아니, 하나님은 공기가 아니야. 하지만 조금은 공기 같기도 해.

둘째 아이(네 살) : 하나님은 천장이야?

아빠/엄마 : 아니, 하나님은 천장이 아니야. 하지만 조금은 천장 같기도 해.

첫째 아이 : 아니면 통통하게 살찐 아가?

아빠/엄마 : 아냐, 하나님은 통통하게 살찐 아가가 아니지. 하지만 조금은 작은 아가 같기도 해. 하나님은 아주 생생하고 늘 새롭거든.

둘째 아이 : 하나님은 눈에 안 보여?

아빠/엄마 : 그래, 눈에는 안 보이지.

첫째 아이 : 하나님은…… 날개를 달고 하늘을 날아다니는 통통하게 살찐 아가 같지? (모두 크게 웃는다.)

아빠/엄마 : 하나님하고 비슷한 건 아주 많아. 하지만 어떤 것도 하나님은 아니야.

둘째 아이 : 왜 아닌데?

아빠/엄마 : 하나님은 특별하거든. 하나님은 어떤 확실한 모양이 없단다.

첫째 아이 : 왜 하나님이 모양이 없어?

아빠/엄마 : 하나님은 어떤…… 생각 같아. 생각이 어떤 모양이 있어?

첫째 아이 : (잠시 가만히 있다가 웃으면서) 없어.

아빠/엄마 : 거 봐. 하나님은 어떤…… 아주 강력한 생각 같기도 해.

존 헐이 아이들과 대화하면서 어린이의 어린이다운 생각을 진지하게 받아들이는 모습이 매우 인상적이다. 아니, 그 이상이다. 존 헐은 마치 신학자와 이야기하듯 어린이와 이야기하고 있다. 그것은 그가 어린이의 능력을 믿기 때문이다. 종교적인 물음과 마주해도 스스로 생각할 능력이 어린이에게 있음을 믿기 때문이다. 그렇다고 해서 어린이와 이런 대화를 할 때 교육적인 의도를 아예 포기해야 한다는 뜻은 아니다. 위의 사례에서도 아이들의 아빠/엄마의 어떤 의도가 엿보인다. 하나님에 대한 이미지가 비유적 성격을 지니고 있다는 사실을 아이들이 조금이나마 의식할 수 있도록 한 것이다. 존 헐은 이에 대해 다음과 같이 말한다.

어린이가 하나님에 대해 이야기하면서 '~ 같다'는 표현을 쓸 수 있을 정도까지 이끌어줄 수 있다면, 이후로 그 어린이는 모든 형태의 비교를 자유롭게 구사할 수 있게 될 것이다. 위의 대화에서 아빠 혹은 엄마는 하나님이 조금은 천장 같기도 하다고 말해주었다. 그럼으로써 한편으로는 꼬마들의 사기를 북돋워준 셈이다. 그러나 어찌 보면 실제로 하나님은 우리 위에서, 우리보다 높은 곳에서, 우리에게 보호의 손을 펼쳐주시는 분이라고 생각할 수도 있다.

어린이도 신학자인가? 자기 나름의 사고 능력을 가지고 신앙의 물음에 대한 자기 나름의 답을 찾아갈 수 있는 사람, 이런 의미의 신학자라면, 나는 어린이도 신학자라고 생각한다. 그렇다면 어린이와 함께하는 신학이란 무엇인가? 그것은 어린이가 자기의 경험과 물음, 자기의 신앙과 의심을 깊이 생각하고 말로 직접 표현할 수 있도록 용기를 북돋워주며 그들을 인정해 주는 것이다.

대화로서의 종교 교육

어린이와 함께 나누는 대화의 중요성이 아직까지는 제대로 평가되지 못하고 있다. 이것은 여러 가지 이유에서 대단히 유감스러운 일이다. 어른과 어린이의 파트너 관계는 무엇보다 대화를 통해서 분명하게 드러난다. 그래서 우리는 이 대화의 측면을 전면에 드러내려고 한다. 우리가 어린이를 꼬마 철학자라고 부른다면, 또 어린이가 자기 나름대로 신학적인 생각을 발전시킬 수 있도록 도와주려고 한다면, 대화의 중요성은 더 말할 여지 없이 크다. 그런데 어린이와 종교적 물음에 대한 대화를 어떻게 펼쳐 나아갈 수 있는가? 어떤 구체적인 방법은 없는가? 나의 견해로는 다음 세 가지 방법이 특히 중요하다.

첫째, 어린이의 물음을 존중한다. 우리는 어린이가 종교적인 질문을 곧잘 던진다는 사실을 알고 있다. 어린이 쪽에서 먼저 부모나 교사와의 대화를 위한 첫 번째 기회를 제공할 때가 자주 있다. 그러나 그 물음은 들릴 듯 말 듯 작게 다가올 때가 많다. 어린이는 "내가 알고 싶은 건 바로 ……라구요!" 하면서 목소리를 높이기보다는, 조심스럽고 망설이는 듯한 목소리로 "그건…… 왜 그래요?"라고 묻는다. 그러므로 어른들은 어린이의 이런 질문을 잘 알아들을 수 있어야 하고, 성급한 대답으로 어린이와의 대화를 끊어버리는 일이 없도록 해야 한다. 이 책 첫 번째 파트에서 소개한 다섯 가지 질문은 이 맥락에서도 큰 도움이 될 것이다. 어른들은 어린이의 질문에 예민하게 귀 기울여 들을 수 있어야 한다.

"나는 누구인가? 나는 어떤 사람이 되어야 하나?"(나 자신에 대한 물음) "왜 죽어야 하지?"(모든 것의 의미에 대한 물음) "내가 맘 놓고 기댈 수 있는 곳은 어디지?"(하나님에 대한 물음) "왜 다른 사람에게 잘 해줘야 하지?"(윤리적 행동의 근거에 대한 물음) "왜 어떤 아이들은 다른 종교를 믿지?"(다른 사람들의 종교에 대한 물음) 어린이가 이와 비슷한 종류의 질문을 던지기 시작할 때, 어른들은 조심스럽게 그 질문의 배경과 원인을 묻고, 나아가 어린이가 자기의 질문을 자기의 언어로 분명하게 표현할 수 있도록 도와주는 것이 좋다. 어린이 철학의 경우와 마찬가지로 여기서 어른들에게 꼭 필요한 것은 일종의 산파술이다. 이것은 어린이의 질문을 끈기 있게 기다리는 걸로 끝나지 않는다. 어린이의 질문을 듣되, 그 질문을 은근하게 지지해 주면서 듣고, 또 그 질문을 던지는 어린이에게도 도전이 될 정도로 잘 듣는 것이다. 도와주며 도전하는 들음이다.

둘째, 이야기를 대화의 계기로 삼는다. 어린이가 스스로 던지는 질문이 중요한 것은 사실이나, 어린이가 인생의 중요한 질문을 모두 자기 혼자 생각해 낼 수 있는 것은 아니다. 그것은 마치 모든 어린이가 제 스스로 바퀴를 발명할 수 있을 거라고 믿는 것이나 진배없다. 그러므로 그런 중대한 질문을 놓고 어린이와 함께 대화할 수 있는 어떤 계기가 있어야 한다. 그런 계기가 될 만한 내용이 풍부한 이야기, 즉 어린이가 즐겨 듣기도 하고 또 직접 들려주고 싶어하기도 하는 이야기 말이다.

성경에도 그런 이야기가 많다. 그 이야기들은 외로움, 기쁨, 싸움, 화해, 질병, 죽음, 이별 등 어린이 스스로는 아직 깊이 생각해 보지 않았을 법한 어떤 상황이나 경험에 대한 이야기지만, 어린이들이 곰곰이 한번 생각해 볼 수 있는 계기를 마련해 주는 좋은 자극제가 된다. 종교 교육은 어린이에게 이야기를 들려주는 차원을 넘어서 자신의 즉각적인 느낌이나 생각을 표출할 수 있는 기회를 제공해야 한다. 이를테면 다음과 같은 질문을 던질 수 있다. "여기서 이 어린이가 이렇게 한 거, 너는 어떻게 생각해?" "예수님은 왜 이런 이야기를 들려주었을까?" "이 이야기에서 중요하게 느껴지는 건 뭐야?" "왜 이 얘기가 재미있어?" 등등. 때로는 좀 수준 높은 질문을 할 수도 있다. "이런 상황에서 너라면 어떻게 했겠니?" "이 이야기가 어떻게 끝나게 될지 한번 생각해서 얘기해 볼까? 이야기가 어떻게 끝났으면 좋겠어?"

셋째, 교회나 박물관 방문을 종교 교육의 기회로 삼는다. 독일에는 주말이나 방학 때 으레 교회당이나 박물관을 찾는 가정이 많다. 오래된 예배당이나 박물관에는 종교적인 모티브를 담고 있는 그림들이 전시되어 있는 경우가 많은데, 그런 곳에 가면 아이들은 알고 싶은 게 참으로 많다. "이 그림은 왜 이렇게 그렸어?" "그림 속에 있는 이 사람은 누구야? 이건 누구 동상이야?"[14] 여기서는 두 가지가 다 중요한데, 하나는 어린이가 직접 묻는 것이고, 또 하나는 어른이 어린이에게 질문을 던지는 것이다. 이를테면 어떤 것을 가리키면서 어린이가 무엇을 알고 있는지 물어볼 수 있다. "너 지금 보는 게 뭔지 아니?"

유대계 종교 교사 에스더 네터Esther Netter는 로스엔젤레스에 독자적인 어린이 박물관을 세우고 거기에 유대교의 종교적 관습과 관련된 수많은 물품을 전시해 놓았다.[15] 이 박물관은 언제라도 어린이가 부모에게 질문을 던질 수 있고, 또 부모가 질문에 대한 답을 모르더라도 금방 도움이 되는 정보를 얻을 수 있는 환경이 마련되어 있다.

"나중에 당신들의 자녀가 주 하나님이 당신들에게 명하신 훈령과 규례와 법도가 무엇이냐고 묻거든……" 〈신명기〉 6장 20절의 이 말씀에 기대어, 유대교의 종교 교육에서는 어린이의 질문이 언제나 중요한 역할을 하고 있다.

그 외에도 어린이와 '중대한 문제'에 대해 함께 이야기 나눌 수 있는 길이 제법 많이 있다. 그때마다 우리가 확인할 수 있는 것은 그런 대화가 어린이뿐만 아니라 어른의 삶도 풍요롭게 한다는 사실이다. 이미 이 책 첫 번째 파트에서 말한 것처럼, '어린이의 세계 안에 있는 창문'을 통해 보는 일은 어린이와 어른 모두에게 큰 도움이 된다. 어린이의 창문이 우리에게 새로운 모습으로 다가온다면, 우리 안에는 전보다 깨어 있는 삶, 더 의미 있고 충일한 삶의 가능성이 자라날 것이다.

어린이도 성경을 해석할 수 있는가

종교 교육의 새로운 실천을 모색한다고 해놓고 또 다시 성경 이야기를 운운하는 것이 석연찮게 들릴 수도 있을 것이다. 종교 교육의 영역에서 성경의 이야기는 이미 오래 전부터 항상 주도적인 역할을 하지 않았는가, 도대체 뭐가 새롭다는 말인가, 하고 말이다.

실제로 성경 이야기의 구연口演에 관해서는 일찍부터—독일에서는 특히 지난 수십 년 사이에—많은 논의가 있었다. 오로지 그것만을 주제로 쓴 책도 적지 않다.[16] 유치원 교사나 부모들을 위한 안내서, 좋은 어린이 성경 선별 기준을 제시하는 책도 있다. 그 모든 것을 여기서 다시 반복할 필요는 없다. 다만 어린이의 권리에 기초한 종교 교육의 지평에 성경 이야기의 구연을 포함시키려고 한다. 그러한 새로운 종교 교육이 여전히 성경 이야기를 붙잡는다면 과연 어떤 의미에서 그러한지도 살펴볼 것이다.

어린이를 위한 성경 이야기

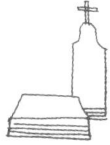

 이 책의 앞부분에서 이미 살펴본 것처럼, 부르노 베텔하임과 같은 심리학자는 어린이에게 옛이야기가 필요함을 단호히 주장했다. 베텔하임에 의하면, 옛 이야기는 어린이에게 "상징의 형태로 나타난 정신적 자극"을 줌으로써 어린이가 "인간의 근본적인 곤경"과 "실존적인" 물음에 대처할 수 있도록 해준다. 그런데 베텔하임은 이런 옛 이야기의 목록에서 '성경 이야기'는 제외시켰다. 그것은 그가 종교를 도덕적이고 교리적인 것으로 보았기 때문이다. 앞에서도 분명하게 지적했듯이 베텔하임의 이러한 종교관은 편견의 산물이다. 특히 성경은 그런 식으로 오해될 수 없는 책이다. 하지만 베텔하임의 이러한 관점은 오늘날 많은 부모와 교사의 생각을 반영한다고도 볼 수 있기 때문에 여기서 분명히 짚고 넘어갈 필요가 있다.

먼저 현대 신학은 성경의 이야기를 어떻게 이해하는가? 성경의 이야기는 도덕적인 교훈이나 단순한 신학적 가르침이 아니라는 것이 현대 신학의 기본적인 통찰이다. 점점 많은 사람들이 이야기 구연의 신학적·교육적 의미에 눈뜨고 있다. 이야기는 훈계조의 명령이나 도덕적 가르침과는 확연히 다르다.

교육학적·심리학적 관점에서 볼 때 이야기와 어린이의 판타지 사이에는 밀접한 연관이 있다. 이미 위에서 언급한 것처럼 우리가 제일 먼저 생각할 수 있는 것은 어린이가 직접 생각해낸 이야기다. 흔히 '판타지 이야기'라고 부르는 것인데, 이런 이야기들은 "어린이에게 더 나은 가능성의 세계로 떠나는 탐사 여행"이 될 수 있다.[17] 그런 의미에서 판타지 이야기는 어린이의 자아 형성에 꼭 필요하다. 그런데 성경의 이야기도 이와 같은 기능을 할 수 있다는 말인가?

한 번쯤 어린이 예배나 어린이 성경 학교를 찾아가서 어린이들이 얼마나 재미있게 성경 이야기를 듣고 배우는지, 어떻게 어린이들이 그 이야기를 자기 것으로 동화시키는지 경험해 본 사람이라면 성경 이야기도 어린이의 판타지에 직접 호소할 수 있다는 사실을 의심하지 않을 것이다. 특히 구약 성경의 이야기를 들려줄 때—사막을 여행하는 사람들의 이야기, 왕과 왕자들의 이야기, 하나님의 사람, 예언자, 지혜로운 여자들의 이야기—이와 같은 반응을 쉽게 경험할 수 있다. 신약 성경의 이야기도 어린이의 판타지를 자극한다. 몬테소리 교육의 영향을 받은 미국의 종교 교육학자 제롬 베리만Jerome Berryman의 작업이 그것을 생생하게 보여준다. 베리만이 원하는 것은 어린이들이 "성경의 비유 안에서 사는 것"이다. 이를 위해서 베리만은 성경의 비유를 그저 들려주는 데 그치지 않고, 어린이들이 손으로 직접 만져볼 수 있는 여러 가지 모형과 인형을 마련하기도 했다. 어린이는 자기 안에 있는 판타지가 이끄는 대로 모형들을 가지고 놀면서, 착한 양치기 (선한 목자) 같은 세계를 직접 꾸며볼 수도 있다.[18]

이제 성경의 이야기와 어린이의 판타지 사이의 관계를 넘어 첫 번째 파트에서 소개한 바 있는 어린이의 '중대한 질문들'을 떠올려보자. 성경의 많은 이야기들은 그 중대한 질문을 직접 다루고 있다.

- 인간과 이 세상의 유래와 미래에 대한 질문 : 창조 이야기, 아브라함과 모세를 인도한 하나님에 대한 이야기, 하나님 나라에 대한 이야기가 이 질문을 다루고 있다.
- 죽음에 대한 질문 : 성경에는 여러 가지 질병과 치유에 관한 이야기, 십자가와 부활 이야기가 있다.
- 가치관과 도덕에 대한 질문 : 대표적인 예로 선한 사마리아 사람 이야기, 잃어버린 양의 비유, 포도원 일꾼의 비유가 있다.

· 하나님에 대한 질문 : 이 질문은 성경의 거의 모든 이야기에서 핵심적인 역할을 한다.

물론 여기 언급된 이야기들이 모든 연령대의 어린이에게 똑같이 적절한 것은 아니다. 어떤 주제들, 예컨대 십자가와 부활은 어른에게도 어려운 주제이다. 어린이에게 가능한 일찍부터, 가능한 많은 성경 이야기를 알게 하려는 것도 그릇된 방법이다. 그것이 결국에는 성경 이야기에 대한 피상적인 이해를 낳기 때문이다. 성경에 있는 이야기가 어린이들이 안고 있는 모든 질문과 어떻게든 관계가 있다고 주장해서도 안 된다. 예를 들어 다른 종교에 관한 물음이 성경에 나오기는 하지만, 지금 우리 어린이들의 질문과는 사뭇 다른 차원의 물음이다. 독일의 어린이들은 여기저기서 이슬람의 종교 문화를 접하는데, 이슬람은 성경이 씌어진 다음에 출현한 종교이기 때문에 성경에서는 그에 대한 언급을 찾아볼 수 없다. 하지만 조금 다른 차원의 접근은 가능하다. 가령 선한 사마리아 사람의 비유는 오늘날 그리스도교와 이슬람의 관계를 염두에 두었을 때 함께 고민해볼 만한 물음을 던져준다. "예수님은 하필 사마리아 사람이, 그러니까 다른 신앙의 방식으로 살아가는 사람이 옳은 일을 했다는 얘기를 들려주시는데, 이게 무슨 뜻일까?" "이 이야기는 낯선 사람을 어떤 눈으로 바라보고 있는가?" 이런 물음 말이다.

지금까지 우리는 어린이들에게 성경 이야기를 들려주는 것이 여러 면에서 의미 있는 일이라는 것을 생각해보았다. 한마디로 성경 이야기는 굳이 그리스도교 신앙의 확신이나 신학적인 주장을 들이대지 않더라도 어린이에게 들려줄 만한 이야기라는 것이 이 글의 논지이다. 하나님을 믿는 신앙과 관계없이 어린이들에게 중요한 이야기라고 할 수 있다. 그것은 성경 이야기에 함축된 문화사적 의미 때문인데, 공공 학교의 종교 수업이나 윤리 수업 시간에 성경 이야기를 들려주는 것은 바로 그 문화사적 의미를 고려할 때 타당성을 지닌다. 어린이들이 유럽의 예술과 문화를 이해하기 위해서라도 성경의 이야기 가운데서 대표적인 이야기들은 꼭 알고 있어야 한다.

어린이에게 성경 이야기를 들려주는 것은 이렇듯 보편적 차원에서도 중요하지만, 그리스도교 신학의 관점에서도 각별한 의미를 지닌다. 그 중 몇 가지를 짚어보자.

그리스도교의 가르침에 따르면, 어린이는 갑자기 어떤 내적인 체험을 하거나 자연 속에서 하나님을 깨닫는 체험을 통해 신앙을 갖게 되는 것이 아니다. 그리스도교는 오히려 성경이 전하는 말씀을 통해서 하나님을 아는 것이 우선이라고 말한다. 그러므로 어린이들도 성경의 전승에 귀 기울일 필요가 있다. 거기서 어린이들은 듣게 된다. 그 옛날 수많은 사람들이 두려움과 곤경 속에서 어떻게 하나님을 만났는지, 어떻게 기쁨과 자유를 맛보았는지……

　그리스도교 교육에서 성경 이야기가 중요한 것은 예수가 그리스도교 신앙에서 차지하는 중요성 때문이기도 하다. 그리스도교 신앙은 철저하게 예수 그리스도와 관계된 신앙이다. 예수의 삶과 실천, 십자가 위에서의 죽음, 예수에 근거한 부활의 희망에 대한 신앙이다. 그러므로 예수에 관해 전해 내려오는 이야기를 잘 아는 것은 절대로 포기할 수 없는 일이다. 그러기 위해서는 성경의 이야기를 끊임없이 이야기하는 수밖에는 다른 방법이 없다. 그러므로 그리스도교 신학의 관점에서 보더라도 성경 말씀과의 사귐은 어린이의 종교 권리에 반드시 포함되어야 한다.

　이렇듯 성경 이야기가 어린이에게 중요한 것은 사실이지만, 그 이야기를 어린이들에게 어떤 방식으로 가르칠 것인지, 또 정작 어린이들은 그 이야기를 어떻게 받아들이는지에 대해서는 별도의 고민이 필요하다. 지금부터는 바로 이 문제를 새로운 관점에서 살펴보려고 한다.

어린이도 성경 주석가?

　어린이도 '성경 주석가'라고, 즉 성경의 뜻을 이해하고 풀이할 줄 아는 사람이라고 주장하는 사람들 가운데는 두 부류의 극단적인 입장이 있다. 하나는 그야말로 학문적 의미의 성경 주석을 어린이들에게 가르쳐서 어린이들이 가능하면 일찍부터 그런 학문적인 성경 이해에 친숙해지도록 하자는 입장이다. 이런 식의 주장은 교육학 내에서 어린이의 배움을 완전히 근대 학문의 관점에서 규정하려는 일부 경향과도 통한다. 30~40년 전에는 그런 교육학 사조가 두드러지기도 했다. 하지만 오늘날에 와서는 이른바 학문성에 대한 신뢰가 도무지 가능한 것이냐는 문제 제기가 거세게 일고 있다. 또한 그렇게 '학문 지향적인' 학습이 어린이의 능력과 관심을 제대로 배려한 것인지, 아동기 어린이들까지도 현대 성서학에 입각하여 종교 교육을 하는 것이 과연 가능한지에 대한 문제 제기도 있다. 너무나 타당한 문제의식이다. 이른바 학문이라는 것이 어린이의 이해 지평을 전혀 고려하지 않을 때가 많기 때문이다.

두 번째 극단적 견해는 첫 번째보다는 조금 더 타당성이 있어 보인다. 교육학 사조 중에서는 '어린이로부터의' 교육학이 이런 입장을 취하고 있다. 예컨대 앞서 언급한 스웨덴의 여성 교육학자 엘렌 케이는 1900년에 출간된 명저 《어린이의 세기》에서, 이런저런 성경 수업을 통해 자꾸 어린이를 조정하려 들지 말고 제발 어린이가 성경과 혼자 있게 내버려두자고 말한다.[19]

어린이는 자기 스스로 구약과 신약 성경의 가부장제적인 세계에 익

숙해져야 한다…… 어린이가 일체의 교리적 해석이나 교육적 설명 없이, 혼자서 조용히 성경에 몰두할 수 있다면…… 이 책은 어린이에게 소중한 책이 될 것이다.

한마디로 어린이가 혼자 성경을 읽게 내버려두자는 것이다. 그러나 이러한 견해는 이미 오래 전부터 '아동 낭만주의'라는 비판을 받아왔다. 다시 말해 어린이에게 어떤 '천재성'이 있다는 가정 하에 전개된 논리라는 것이다. 학자같이 교육받은 어린이, 또 혼자서 성경을 훌륭하게 주석할 수 있는 어린이 이미지는 하나같이 픽션이다. 그렇다면 도대체 왜 어린이를 '성경 주석가'라고 일컫는 것인가? 여러 가지 면에서 볼 때 앞에서 언급한 어린이 철학의 영향이 컸다. 어린이들이 중요한 철학적 주제에 대해서 스스로 생각할 수 있는 능력을 갖고 있다면, 성경 이야기도 어린이들이 자기 나름대로 이해하는 방식이 있을 것이고, 그것을 무시해서는 안 된다는 생각을 하게 된 것이다.[20]

어린이와 함께 철학하기, 어린이와 함께 신학하기의 맥락에서 성경 이야기를 대할 때 우리는 다음과 같은 노력을 기울여야 한다.

· 어린이가 성경 이야기를 이해하는 방식을 최대한 주의 깊게 관찰하여, 그 해석 방식을 파악하도록 한다. 가능하다면 어린이 나름의 논리를 충분히 이해하는 데까지 나아가는 것이 좋다.

- 어린이의 해석은 성경 이야기에 대한 그 어린이의 접근 방식이므로 진지하게 받아들일 줄 알아야 한다. 어른의 해석이나 성서주석학의 해석과 맞지 않는다고 해서 무조건 바로잡으려고 해서는 안 된다. 어린이에게는 자신이 충분히 가능하다고 여기는 해석을 표현할 수 있는 권리가 있다.
- 어린이가 계속해서 성경 텍스트를 해석할 수 있는 용기를 가지려면 처음부터 자기 나름의 발견과 해석의 방법을 체험할 수 있어야 하며, 또 그 주체적인 해석의 과정을 응원하고 도와주는 사람이 있어야 한다.

예를 하나 들어보자. 이 예는 또 하나의 중요한 질문과 맞물려 있다. 그것은 "어린이들이 성경 이야기를 '틀리게' 이해해도 되는가?"라는 것이다.

클라우스 베게나스트와 필립 베게나스트는 어린이들이 성경 이야기를 '틀리게' 이해해도 된다고 주장하는 학자들이다. 어린이도 성경 텍스트를 나름대로 해석할 수 있으며, "그것이 그 연령대를 감안할 때 최대한 가능한 해석이라면 존중받아 마땅하다"는 것이 두 학자의 지론이다. 이는 그것이 지금 '적절하고…… 가능한 해석'이기 때문이다. 이러한 해석이 거리낌 없이 표출될 수 있어야 신선한 자극과 새로운 질문이 있는 대화를 시도해 볼 수 있다.[21] 이것은 베게나스트 부자父子가 우선 학교에서 실행되는 종교 교육을 염두에 두고 주장한 것이지만, 학교 외에서 이루어지는 성경 공부에도 적용할 수 있다. 물론 성경 이야기의 본래 의도와 어린이가 그 이야기를 통해 이해한 것 사이에는 엄청난 간격이 있을 수 있다는 사실을 묵과해서는 안 된다.

안톤 부허Anton Bucher는 어린이들이 성경의 비유를 어떻게 이해하고 있는지 직접 어린이들을 만나 물었다.[22] 예를 들어 '포도원 품꾼의 비유'(〈마태복음〉 20장)가 있다. 학문적인 성경 주석에 의하면 이 비유의 목적은 하나님의 선하심을 드러내는 것이다. 포도원 주인은 모든 품꾼에게 그들의 실적과는 관계없이 똑같은 품삯을 주었는데, 그것은 한 품꾼이 생활하는 데 꼭 필요한 만큼의 품삯이었다. 이 포도원 주인은 하나님이 어떻게 인간을 대하시는지를 상징적으로 보여주는 이미지였다. 그런데 어떤 어린이들은 이 이야기를 전혀 다르게 이해했다. 예수님이 이 이야기를 들려주신 것은 그렇게 하면 '안 된다'는 것을 알려주시기 위해서라고 말이다. "(포도원 주인과는 달리) 하나님은 공평한 분이셔. 하나님이라면 품꾼 모두에게 똑같은 품삯을 주지 않고, 시간당 수당에 맞게 공정하게 주셨을 거라고!"

나도 종교 수업 연구팀을 꾸려 10~11세의 어린이들이 '잃어버린 아들의 비유'(〈누가복음〉 15장)를 어떻게 해석하는지 살펴본 적이 있다. 그때 우리가 씨름했던 질문이 지금까지도 나에게 중요한 질문으로 남아 있다. 잃어버린 아들의 비유도 하나님의 선하심에 대한 비유, 언제라도 화해할 준비가 되어 있는 하나님에 대한 비유로 이해할 수 있다. 그런데 우리가 관찰한 어린이들에게는 이 이야기가 전혀 다른 의미로 다가갔다. 아버지와 아들이 한 차례 심하게 다투었고, 그래서 그 아들이 집을 나왔다는 것이다. 그런 다음 두 사람은, 그러니까 아버지와 아들은 호된 자책감에 시달린다. 아버지는 '아들이 집을 나간 것은 자기 탓'이라고 생각하며 스스로를 책망한다. 이야기의 결말은 아버지와 아들이 각각 서로의 잘못을 인정하고 시인함으로써 화해할 수 있었다는 것이다.[23] 이렇게 이 비유는 어린이들의 해석에서 전혀 다른 비유가 되었다. 이런 식의 해석도 적법하다 할 수 있을까? 아니면 비유의 왜곡이라 해야 하는가?

위의 사례를 통해 더욱 분명히 알 수 있듯이 어린이가 자기 혼자서 자동적으로 성경 이야기를 이해할 만한 능력을 가진 것은 결코 아니다. 어린이는 오히려 그 이야기를 '전유專有'한다고, 즉 자기 것으로 만든다고 해야 옳을 것이다. 어린이는 이야기에 푹 빠져들면서 이야기 속 인물과 자기를 동일시하고, 때로는 이야기의 의미마저 변화시킴으로써 그 이야기를 자기 것으로 만든다. 이런 식의 전유라면 적극 찬성이다. 그것은 성경 이야기가 어린이의 삶에서 생생하게 살아 움직이게 하는 전제 조건이다. 어린이가 성경 이야기를 '틀리게' 이해할 수도 있다는 주장은 이런 점에서 정당하다. 하지만 그런 '틀린' 이해를 그냥 그대로 두는 것도 바람직하지 않다는 사실을 알아야 한다. 물론 어린이가 계속 그렇게 이해하고 있어도 무방한 경우가 종종 있다. 그러나 어른들이 어린이의 생각에 절대 간여해서는 안 된다는 원칙을 세우고, 어린이의 그런 이해 방식을 방치한다면 그것은 문제가 된다. 그렇게 어른들이 아무런 진지한 물음 없이 모든 것을 그냥 그대로 받아들이는 것이 어린이에게는 진정한 존중의 표현이 아니라 본의 아니게 무관심의 표현처럼 느낄 수도 있기 때문이다.("엄마 아빠가 저렇게 금방 좋다고 하는 걸 보니, 이건 별로 중요한 게 아닌가 보다!") 하지만 성경의 본래 의도와 어린이의 독특한 이해 사이의 차이만 강조함으로써 어린이가 성경 이야기를 나름대로 해석할 수 있는 능력을 다시금 부정하는 것은 적절치 않다. 생각해보면 전혀 다른 상황도 가능하다. 어린이가 어떤 성경 이야기를 읽다가, 그 안에서 여태껏 어른들에게는 전혀 눈에 띄지 않았던 것을 찾아내고 그것의 의미를 일깨우는 일이 자주 일어난다. 어린이를 통해서 어떤 이야기의 중요성을 새로운 각도에서 조명하게 되는 일도 적지 않다.

또 다른 예를 하나 들어보자. 이번에는 성경의 이야기가 아니라 성만찬과 관계된 것이다. 병원에서 일하는 목사 도로테아 보프친은 다음과 같은 얘기를 들려준다.[24]

네 살짜리 여자 아이가 나한테 지난번 엄마랑 같이 교회에 갔다 온 얘기를 들려주었다.(그 때 마침 교회에서는 성만찬 예배가 있었던 것 같다.)
"긴 치마 같은 옷을 입은 아저씨가 과자를 나눠줬어요. 그 과자 아주 맛있어요. 하지만 돈 주고 살 수 없대요."

지금 이 어린이의 이야기도 그저 순진한 오해쯤으로 치부될 수 있다. 성만찬 때 먹은 것은 물론 과자가 아니다. 목사님이 성만찬 예배에 쓰기 위해 마련한 전병煎餠은 대개는 돈을 주고 산 것이다. 그럼에도 이 어린이의 해석에는 무엇인가 반짝하는 것이 있다. 이것은 신학적으로도 매우 중요한데, 성만찬의 핵심적인 의미 가운데 적어도 한 가지에 대한 '깊은 통찰'을 지시하고 있다. 우리가 성만찬을 통해 받는 것, 그것은 우리가 어떤 노력에 의해 얻을 수 있는 것이 아니다. 오늘 이 시대에 만연한 소비 문화 속에서도 우리가 돈으로 살 수 없는 '맛있는' 것이 있다. 목사인 보프친이 이 이야기를 기억하고 있다가 기록해서 발표한 것만 보더라도, 이런 어린이의 해석이 어른들의 마음에 얼마나 깊은 감동을 줄 수 있는지 알 수 있다.

성경 이야기를 대화의 계기로

우리는 어린이와 함께하는 신학에 대해 고민하면서 성경의 여러 이야기들이 어린이와 신학적 대화를 나눌 수 있는 계기가 될 수 있다는 사실을 확인했다. 성경의 이야기를 들려주는 사람의 입장에서 봐도 어린이와의 대화는 유의미할 뿐 아니라 필수적이기까지 하다. 성경 이야기를 어린이가 아무런 문제 없이 즉각 이해할 수 있는 것은 아니다. 같은 성경 이야기를 읽어도 어린이가 이해하는 것과 어른이 보는 것 사이에는 큰 차이와 갈등이 있다. 하지만 바로 그것을 통해서 어린이와 어른 모두가 뭔가를 배울 수 있다. 물론 어린이와 함께 성경 이야기에 대해서 말한다는 것은 깐깐한 선생님처럼 꼬치꼬치 캐묻는 것이 결코 아니며, 일종의 '보충 수업'의 의미에서 어린이들을 단 하나밖에 없는 '정답'으로 끌고 가려는 의도는 더더욱 아니다.

먼저 어린이의 말에 귀 기울일 자세가 되어 있는 열린 대화, 그것만이 의미 있는 변화를 가져올 수 있다. 어린이와 함께 어떤 성경 이야기를 읽은 다음, 이런 질문을 던질 수 있을 것이다. "너는 이 이야기를 어떻게 생각하니? 이야기가 네 마음에 들어? 너한테는 어떤 게 좋았어?" 어린이와 좀더 깊은 대화를 나누기 위해서 또 이렇게 물을 수도 있다. "왜 예수님이 이런 얘기를 들려주셨을까? 너라면 이 이야기를 다른 친구에게 들려주겠니?"

우리가 어린이들에게 어떤 성경의 이야기를 들려준 뒤, 곧장 다음 이야기나 다른 활동으로 넘어가지 않고 조금 기다려준다면, 어린이 스스로 질문을 던질 때가 많이 있다. "그게 뭐예요? 무슨 뜻이에요? 그건 왜 그래요?" 어른들이 금방 답을 찾을 수 있는 소소한 질문도 있지만, 아주 깊이 있는 질문도 튀어나온다. 언젠가 한 어린이가 물었다. "예수님도 하나님이에요?" 그 질문 앞에서 나는 어린이에게 하나님과 예수의 관계를 알아듣게 어떻게 설명할 수 있을까 고심하지 않을 수 없었다.

결론적으로 어린이와 함께하는 신학과 성경 이야기의 구연은 떼려야 뗄 수 없는 관계라고 말할 수 있다. 성경 이야기들은 어린이의 신학적 물음, 나아가 철학적인 물음까지 자극할 수 있으며, 이렇게 어린이와 함께 나누는 신학적·철학적 고민은 거꾸로 성경 이야기를 더욱 깊게 이해하게 만들 수 있다. 앞서 소개한 부르노 베텔하임 같은 사람은 옛 이야기야말로 어린이가 인생의 의미를 이해하고 실존적인 물음에 대해 깊이 생각할 수 있는 정신적인 자극을 줄 것이라고 기대했는데, 이제 우리는 그만큼 충분한 근거를 가지고, 아니 그보다 훨씬 나은 근거를 가지고 성경에 기대를 걸 수 있을 것이다.

구체적인 사례

개별 상황에 적용할 수 있는 활동 지침을 제시하는 것이 이 책의 의도가 아니다. 하지만 몇 가지 구체적인 사례를 소개하는 것이 도움은 될 수 있을 것이다.

우리 집 아이들이 강력 추천하는 두 권의 책을 소개하겠다. 아이들이 학교에 들어가기 전부터, 또 학교에 들어간 다음에도 듣고 또 듣고, 읽고 또 읽었던 책이다.

닉 버터워스Nick Butterworth와 믹 잉크펜Mick Inkpen의 《예수님이 들려주는 양, 진주, 집 이야기》[25]는 신약 성경에 나오는 여러 이야기와 비유를 그림에 담아 만든 책이다. 어린이가 금방 호감을 느낄 만한 그림들인데, 어린이를 진지한 생각으로 안내하는 데도 딱 좋다. 이 작은 책을 가정이나 유치원에서 함께 읽다보면 자연스럽게 대화의 물꼬가 트일 것이다.

로나 파이프Rhona Pipe의 동화 《예수와 친구들》[26]은 독창적인 아이디어의 산물이다. 이 책에는 중요한 성경 이야기들이 큰 그림으로 묘사되어 있는데, 아이들은 그 그림에서 여러 가지를 찾아낼 수 있다. 사람, 동물, 나무, 호수…… 물론 그림에 대한 이야기도 있다. 그때그때 어린이들이 찾아내야 할 것들도 있다. 여기서는 빵을 찾아내야 하고, 또 다른 데서는 물고기, 항아리…… 이 책은 어린이가 스스로 이야기를 구연할 수 있도록 하는 데도 도움을 준다.

세 번째 사례는 가톨릭 종교 교사인 라이너 오버튀어Rainer Oberthür가 어느 초등학교의 종교 수업 시간에 창조적으로 실험한 방법이다. 그는 학생들에게 성경에 있을 법한 예수 이야기를 직접 써보라고 제안했다. 미라Mira라는 학생이 쓴 이야기는 그 어린이가 중요하게 생각하는 것이 무엇인지 잘 보여준다.

어느 날 한 여자가 예수님의 집에 찾아갔다. 그 여자는 꼬마 여자애를 데리고 갔다. 사실은 두 남자가 그 아이를 들것에 싣고 왔다. 예수님이 이게 웬일인가 해서 진지하게 물어보았다. "이 아이한테 무슨 일이 있느냐?" 그 여자가 대답했다. "얘는 걷지 못해요. 듣지도 못하고, 보지도 못하고, 말도 못한답니다. 아예 움직이지도 못하는 아이예요. 얘는 거의 먹지도 않고 마시지도 않네요." 그러자 예수님이 이렇게 외쳤다. "아버지, 이게 도대체 무슨 일입니까? 어째서 이 아이를 살게 하지 않으십니까?" 남자들 중에서 한 사람이 말했다. "아마도 아버지께서 이 여자 아이를 잊으신 것 같군요!" 그러자 예수님이 말했다. "그럴 수 없다. 하나님은 그 누구도 잊지 않으신다!" 예수님은 들것이 있는 데로 가서 몸을 구부리셨다. 그 소녀는 눈을 떴다. 앞을 못 보는 아이였지만 예수를 보았다. 예수님은 먼저 눈에 손을 대셨고, 그 다음에는 문제 있는 모든 곳에 손을 대셨다. 그것이 새로운 삶의 시작이었다.[27]

이 수업이 초등학교의 종교 수업이라는 점을 감안할 때, 벌써 어린이들에게 성경의 기적 이야기를 들려줄 필요가 있을까 하는 질문이 떠오른다. 이 문제를 놓고 의견이 분분하다. 정작 어린이들은 그런 기적 이야기를 싫어하지 않는다고 보는 사람이 있는가 하면, 그러다가 나중에 청소년이나 어른이 되면 바로 그 기적들 때문에 성경 읽기를 꺼려한다고 반론을 펴는 사람도 있다. 이 문제는 함부로 결론을 내릴 수 있는 문제가 아니다. 하지만 한 가지는 분명하다. 만일 우리가 어린이들에게 성경의 기적 이야기를 들려준다면, 그때는 반드시 어린이의 느낌과 생각, 어린이의 해석을 존중해줘야 한다는 점이다. 특히 어린이가 어떤 것을 중요하게 여기는지 눈여겨보아야 한다. 미라에게도 중요한 것이 있다. 그 아이는 그것을 자기가 직접, 아주 분명하게 표현한다. "하나님은 그 누구도 잊지 않으신다!"

어린이와 기도하기

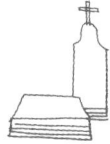

기도에 관한 물음은 가장 까다로운 문제 중 하나다. 많은 부모와 교사들이 자신 없어하는 부분이며 특히 이 문제와 직접 마주해야 할 경우 자신감은 더 떨어진다. "내가 아이들과 기도를 해도 되나? 기도를 하자고 아이들에게 강요하는 것은 아닐까? 나 자신은 기도를 할 줄 아는가?" 바로 이런 질문을 지금부터 하나하나 짚어보려고 한다.

기도의 어려움

자서전의 형식을 빌려 '기도'에 관한 문제를 다룬 책이 한 권 있다. 《기도만 하면 거짓말을 안 할 수 없어서》라는 책인데,[28] 제목부터가 벌써 심상치 않다. 저자인 모니카 셰퍼Monika Schaefer는 1940년생으로 어릴 적 자기가 받은 종교 교육의 부정적인 영향 때문에 지금도 힘들어하는 인물이다. 그녀는 이 책을 통해서 그러한 종교 교육을 맹렬히 비난하고 있다. 우리가 앞에서 여러 번 언급한 틸만 모저의 노선에 서서 자신이 직접 겪은 종교 교육의 강제와 부자유함을 술회한다. 예컨대 셰퍼의 어머니는 이렇게 말하곤 했다.

"하나님은 말 안 듣고 거짓말하고 떠들고 고집불통인 여자 아이들을 싫어하셔. 너 때문에 하나님이 얼마나 슬프시겠니? 항상 이렇게 생각해라. '이런 경우에 예수님이라면 어떻게 말씀하셨을까, 예수님이라면 어떻게 하셨을까' 하고 말이다."

모니카 셰퍼는 그런 엄마와 억지로 기도해야 하는 게 어땠는지 하소연하듯 털어놓는다. 그녀는 무서웠다. "엄마의 노래가 무서웠고 억지로 해야 하는 기도가 무서웠다."

잠자기 전, 찬송가를 함께 부르고 나면 명령이 떨어졌다. "자 이제, 기도하자!" 그러면 나는 가만히 앉아서 두 손을 모으고 눈을 꼭 감았다. "사랑의 하나님, 착한 아이가 되게 해주세요. 그래서 하늘나라에 갈 수 있게 해주세요. 엄마, 아빠, 또 동생 페터…… 그리고 내가 좋아하는 모든 사람을 잘 지켜주세요. 나쁜 짓 한 거 모두 용서해 주세요." "너 무슨 나쁜 짓 했니?" 하고 엄마가 묻는다. "아무것도 안 했어요." "그러면 대체 왜 그렇게 기도했지?" 나는 언제나 이러지도 저러지도 못하는 신세였다. 그 상황을 도무지 빠져나올 수가 없었다. 밤이면 밤마다 똑같은 질문이었다. 내가 그 부분을 일부러 빼면 엄마는 어김없이 나한테 뭐 빼먹은 거 없냐고 물었다…… 저녁때가 가까이 오면 나는 안절부절 못하면서 어떻게 기도해야 좋을까 고민할 때가 많았다. 거짓말을 하지 않을 수 없는 때가 자주 있었는데, 그때마다 엄마는 말했다. "하나님은 거짓말하는 아이를 싫어하셔"라고.

지금 우리 시대의 어른들이 모두 이와 비슷한 경험을 한 것은 아니다. 하지만 모니카 셰퍼의 고백은 어른들에게 만연되어 있는 정서적인 거부감과 통하는 면이 있다. 1940년대나 1950년대, 심지어 1960년대에 어린 시절을 보낸 어른들이 이제 부모나 교사가 되어 직접 종교 교육을 하게 되니 바로 거부감이 고개를 드는 것이다. 그 당시의 종교 교육은 어린이를 자유롭게 하는 교육이 아니라 압박과 강제의 교육이었다.

이제 우리가 기도를 하려고 한다면, 우리가 어린이와 함께 기도를 하고 싶다거나 기도를 해야 한다면, 우리 자신의 어린 시절 경험을 묻지 않을 수 없다. 어렸을 적 우리는 기도를 어떻게 경험

했는가? 어린 시절, 잠자리에 들기 전 엄마, 아빠나 혹은 다른 사람과 기도를 했던 순간을 종종 떠올리는가? 그런 추억에 잠길 때면 행복해지는가, 아니면 오히려 어떤 두려움에 사로잡히는가?

　어린이와 함께 기도를 하되, 교육적인 관점에서도 신뢰할 만한 기도를 하기 위해서는 우리 스스로가 먼저 기도와 어떤 관계 속에 있는지 성찰하는 것이 중요하다. 우리 자신이 정말 자유롭고 기꺼운 마음으로 기도할 수 있을 때, 어린이들과 함께하는 기도도 의미 있는 기도가 될 수 있다. 어린이와 기도할 때 중요한 것은 단순히 말이 아니다. 경우에 따라서는 감정이 훨씬 더 중요한 역할을 한다. 기도를 통해 우리의 감정이 깨어나기 때문이다. 또한 어른의 감정이 어린이에게도 쉽게 전달되기 때문이다.

　여기까지가 나의 첫 번째 관찰, 즉 모니카 셰퍼와 그녀의 어린 시절 경험에 대한 관찰이었다. 나의 두 번째 관찰은 오늘날 어린이들이 성장하면서 어떻게 기도를 경험하느냐에 관한 것이다. 여기에 대해서는 어떤 확실한 그림이 그려지지 않는다. 현대의 어린이들에게 함께 기도한다는 체험은 아주 예외적인 것이다. 무엇보다 가정의 분위기가 많이 달라졌기 때문이다. 지난 몇십 년 사이에 가족 내부의 종교적 관습이 크게 변했다.[29] 예전 독일에서는 식사 기도나 아침 기도 시간처럼 경건의 시간을 간단히 갖는 가정이 많았지만 요즘에는 그런 가정을 좀처럼 찾아보기 힘들다. 1980년대에 가톨릭 신자들을 대상으로 설문 조사를 했는데, 응답자의 10~20퍼센트만이 아직도 가족끼리 기도 시간을 갖는다고 대답했다. 더욱이 이 수치는 이후에 더욱 현격하게 감소된 것으로 추측된다. 하지만 여전히 많은 가정에서 실천하고 있는 기도 형태가 한 가지 있다. 잠자기 전 아이와 함께 기도하는 것이 바로 그것이다. 매일 하지는 못하더라도 그런 기도를 함께 나누는 가정이 대략 3분의 1 이상이라고 한다. 그러니까 함께 기도하는 경험이 이런 형태로나마 명맥을 유지하고 있는 것이다. 하지만 전체적으로 볼 때 그런 경험은 눈에 띄게 줄고 있는 추세이다.

그렇다고 요즘 사람들이 기도하고는 담을 쌓고 살고 있다고 단정 지을 수는 없다. 이것은 참 흥미로운 일이다. 최근의 여러 설문조사나 청소년 실태 조사에 따르면[30] 일요일 예배에는 참석하지 않지만 개인적으로 자기 자신을 위해서 기도한다고 말하는 사람들이 상당히 많다. 교회에는 거의 나가지 않지만, 하나님께 기도는 하고 있는 사람들이 많다는 얘기다. 이제 기도는 공동체적인 삶과는 거의 무관한, 순전히 개인적인 관심사가 되고 있다.

나의 세 번째 관찰은 하나의 물음 혹은 테제라고 해야 할 것이다. 많은 사람들이 실제로 기도를 하면서 거기에 대해서 거의 말이 없거나 공적으로 드러내지도 않는다면 기도는 하나의 터부가 된 셈이다. "그 문제에 대해 말해서는 안 된다. 자기의 기도에 대해서 말하는 것은 낯 뜨거운 일이다!" 한번은 나의 미국인 동료가 요즘 미국에서는 자기의 기도 생활에 대해 말하는 것보다 성 생활에 대해 말하는 것이 더 쉽다는 이야기를 들려준 적이 있다. 이제는 섹스 대신 기도가 우리 시대의 터부가 되었는가? 이런 상황에서 교육은 그런 종교적인 터부를 가지고 어린이들에게 부담을 주려는가? 물론 이 테제는 조금 지나친 측면이 있다. 하지만 지금까지 내가 관찰한 것을 보면 지금 우리가 어떤 위험에 직면해 있는지 묻지 않을 수 없다. 그 위험이란 신앙 생활의 중요한 표현 중 하나인 기도를 어린이들의 시야에서 치워버릴 수도 있는 위험이다. 많은 사람들이 어린 시절 자기가 겪은 종교 교육에 대한 기억 때문에 자기 아이들에게 종교 교육 시키기를 거부하고 있다. 또 공동의 기도 경험이 점점 사라지고 있다. 이로써 어린이들은 자기만의 기도를 실천하는 데 필요한 지원을 전혀 못 받고 있는 셈이다. 그러므로 내가 강력하게 주장하는 점은 기도의 경험을 직접 해보는 것도 어린이의 종교 권리에 포함된다는 것이다.

어린이들이 기도를 해야 하나?

과연 기도가 어린이들에게 꼭 필요한 것일까? 여기에는 다섯 가지 중요한 이유가 있다. 이 다섯 가지 이유는 신학적이면서 교육학적인 성찰의 결과이기도 하다. 기도는 신앙과 관계된 것이면서 동시에 인간 존재의 핵심인 마음의 도야陶冶와 관계된다.

기도가 꼭 필요한 첫 번째 이유는 '고요함'의 경험이다. 기도는 잠잠해지는 것, 고요함을 경험하는 것이다. 이탈리아의 교육학자 마리아 몬테소리Maria Montessori도 어린이에게 고요함이 얼마나 중요한지 가르쳐주고 있다.[31] 고요함을 유지하는 것은 일종의 집중 훈련이면서 명상 훈련으로 인간이 살아가는 데 반드시 필요한 기본 경험이다.

마음을 모아 자기의 내면에 귀 기울이는 것, 요즘 일부 학자들이 조금 지나치다 싶을 정도로 강조하고 있는 이른바 '제3의 귀'로 듣는 능력은 오늘날 희귀한 일이 되었다. 대중 매체와 오락 산업으로 시끌벅적한 이 세상에서 어린이건 어른이건 고요함을 경험하기란 매우 어려운 일이 되었다. 그러므로 고요함의 훈련은 아동기의 변화, 어린이들이 살고 있는 구체적 현실의 변화를 감안할 때 반드시 필요한 교육 과제이다. 요즘 어린이들도 다시금 고요함에 매료될 수 있다. 어린이들에게 고요함은 어색하고 낯선 것, 그래서 거의 모험이라고 할 만한 경험이다. 아마 우리는 이렇게 말할 수 있을 것이다. 고요함의 훈련은 언제나 기도를 준비해야 한다는 측면이 있지만, 역으로 어린이와 함께하는 기도가 고요함의 교육 문화에 기여할 수 있어야 한다.

어린이에게 기도가 꼭 필요한 첫 번째 이유와 아주 비슷하지만, 두 번째로, 기도는 제의祭儀이다. 바로 그것 때문에 꽤 오랫동안 많은 사람들이 기도를 거부했다. 어린이들의 기도 역시 공허

한 제의일 뿐이며, 끊임없이 반복되지만 실제로는 아무런 의미도 없는 '기도의 물레방아'라는 것이다. 이런 비판에는 우리가 결코 부인할 수 없는 진실이 담겨 있다. 어린이와 함께하는 기도가 생기 없는 형식이나 아무 의미 없는 단순한 습관이 되어서는 안 된다는 말이다. 하지만 얼마 전부터 더욱 심각한 위기가 찾아왔다. 우리 사회가 이제는 어린이들에게 아무런 확고한 형식도 제공해 주지 못하며, 어린이들이 자라는 데 반드시 필요한 제의적 요소들이 완전히 사라져버렸다는 사실이다.

아동심리학에서는 제의의 중요성이 다시금 주목을 받고 있다.[32] 제의는 인간에게 안정감을 주고, 버려짐의 감정이나 두려움으로부터 우리를 보호해 준다. 그런데 어린이들이 이제 어디서 그런 제의를 경험할 수 있는가? 부모와 함께하는 식사 시간의 제의적 의미는 점점 사라져가고 있다. 모든 것이 너무 빠르게, 최대한 약식으로 진행된다. 엄마나 아빠 중에서 어느 한쪽하고만 살고 있는 어린이, 여기저기 옮겨 다니며 생활하는 어린이가 점점 늘어나고, 부모를 대신해서 어린이를 돌보는 사람들도 많아졌다. 이 모든 상황으로 인해 어린이들에게 제의적 성격을 지닌 어떤 확고한 프로그램을 제공해 주기가 어려워졌다. 바로 그렇기 때문에 기도는 확고한 제의의 한 형태로서 다시 한번 그 중요성을 갖게 된다.[33]

다른 모든 제의와 마찬가지로 기도도 끊임없이 성실하게 반복하는 것이 생명이다. 기도는 같은 형식을 유지하고 그것을 반복함으로써 의미가 드러나는 것이다. 하루를 시작하면서 기도하고, 식사하기 전에 기도하고, 유치원의 하루 일과를 마치고 기도하고, 잠자기 전에 기도한다.

고요함과 제의는 인간의 삶 속에서 가장 기본적이고 핵심적인 경험에 속한다. 어린이들에게 기도가 필요한 세 번째 이유도 인간의 근본적 경험과 관련된 것인데, 그것은 '신뢰'와 '아늑함'의 경험이다. 엄마와 함께하는 기도, 하루를 마무리하며 잠자리에 누워서 드리는 기도, 잠에 들락 말락 할 때, 따뜻함, 편안함……"하나님이 계셔서 우리를 도와주시고 지켜주신단다." 이런 기도를 들으면서 어린이는 기도가 하나님을 향한 것임을 알게 된다. 누군가에게 보호받고 있다는 느낌, 우리를 감싸 안고 떠받치는 힘이 있다는 믿음에서 우러나오는 든든함이 있다. 이로써 기도는 단순히 어린이와 함께하는 신학 혹은 성경 이야기 구연의 차원을 뛰어넘는다. 기도는 하나님이 어떤 무명의 권력자가 아니라는 사실을 보여준다. 그 하나님은 어린이가 말걸 수 있는 하나님, 어린이에게 말동무가 되어주는 하나님이다. 기도란 하나님에 대해서 이야기하는 것이 아니라 하나님에게 직접 말을 건네는 것이다.

어린이에게 기도가 필요한 네 번째 이유는 쉽게 잊히곤 하는데, 지금까지 크게 주목받지 못한 '함께'라는 말을 생각해보자. 정말 중요한 것은 어린이들과 '함께' 기도하는 것이다. 이것은 어린이와 더불어 기도하는 누군가가 존재한다는 뜻이다. 어린이와 함께하는 공동체, 특히 기도하는 사람들의 공동체는 아이들에게 아주 특별하고 강렬한 체험이다. 내가 만난 청년들 중에서 적지 않은 이들이 어렸을 때 '엄마 아빠와 함께 기도 좀 해봤으면' 하고 느낄 때가 많았다고 한다. 그들이 갈망했던 것은 어떤 특정한 기도라기보다는 부모와의 긴밀한 유대감이었다.

마지막으로 다섯 번째 이유도 다른 것 못지않게 중요하다. 어쩌면 제일 중요한 것이라고도 할 수 있다. 기도는 '희망'의 징표다. 기도는 희망이 생겨나고 희망이 강해지는 길이다. 성경이 우리에게 가르쳐주는 기도는 이 세상의 모든 고통에 저항하는 탄식이며 희망이다. 기도란 이 세상의 위협과 절망에 맞서 희망을 굳게 붙드는 것이다. "나의 하나님, 나의 하나님, 어찌하여 나를 버리십니까?" 이 기도는 십자가에 매달린 예수 그리스도가 처음으로 한 말이 아니다. 그리스도 이전에도, 또 그리스도 이후에도 많은 사람들이 바로 그 〈시편〉 22편에 기대어 기도했다.

두려움과 위협에도 꺾이지 않는 희망! 이 희망이야말로 오늘날의 어린이들에게 필요한 것이다. 핵무기로 인한 파멸의 두려움, 전쟁에 대한 두려움, 환경 재난에 대한 두려움, 이 모든 두려움에 직면한 어린이들에게 천박한 '긍정적 사고'나 피상적인 낙관론이 아니라 진정한 희망의 길을 보여주는 것이 중요하다.

어린이는 기도를 어떻게 이해하는가

앞에서 언급한 다섯 가지 이유는 어린이에 관한 것이기는 하지만 어른이 어린이에 대해 생각하는 이유인 셈이다. 실제 어린이들의 삶은 어떠한가? 어린이들은 기도를 어떻게 생각하고 기도에 대해 어떻게 말하는가? 안타깝게도 어린이의 기도 이해에 대한 발달심리학적 연구는 아직까지 별로 없다. 하지만 기존의 연구 중에서도 우리가 참조할 만한 중요한 정보들이 있다.[34] 5~12세 어린이들의 기도 이해에 대한 연구 결과, 다음의 세 단계가 관찰되었다.

5~6세의 어린이들에게는 기도에 대한 이렇다 할 이미지가 형성되지 않는다. 이 연령대의 어린이들은 그저 기도가 하나님하고 관련이 있다는 정도만 알고 있다. 이 아이들에게는 무엇보다 외적으로 드러나는 형태나 행동이 중요하다. 이들에게 기도란 두 손을 모으는 것, 어떤 정해진 말을 하는 것 등이다.

외적으로 드러나는 모습을 강조한다는 점에서는 7~9세의 어린이들도 거의 마찬가지다. 하지만 이 시기의 어린이들은 하나님이 정말로 뭔가를 할 수 있다는 기대감을 분명하게 표출한다. "하나님은 내 기도가 그대로 이루어지도록 해주셔야 한다!" 대개 이런 기대는 매우 자기중심적이고 물질적인 성격을 띤다.

이에 비해 9~12세 어린이들의 기도 이해는 크게 달라진다. 손을 모은다든지 하는 기도의 외적인 모습은 더 이상 중요하다고 여기지 않는다. 이 연령대의 어린이들은 기도를 하나님과의 개인적인 대화로 이해한다. 따라서 어떤 소원을 들어달라는 식의 기도가 기도의 유일한 내용이던 시기는 지나갔다. 기도란 하나님에게 뭔가를 전달하려는 것이기도 하지만, 그 기도를 하는 사람에게도 어떤 영향을 미친다고 생각하는 아이들도 있다.

이런 연구로부터 어떤 결론을 끌어낼 수 있을까? 제일 먼저 확실하게 말할 수 있는 것은 어린이들도 자기 나름대로 기도를 이해하고 있으며, 그 독자적인 이해 방식에 대해 이야기할 필요가 있다는 사실이다. 이것은 앞에서 우리가 살펴본 어린이 신학의 입장, 즉 어린이들도 진지하게 신학자로 인정해줘야 한다는 주장을 떠올리게 한다. 그 외에도 두 가지 중요한 사실이 있다.

첫째, 위의 연구에서 알 수 있듯이 취학 전 어린이들에게는 기도의 외적인 형태가 가장 인상적이고 중요한 것이다. 그러므로 이 시기의 어린이들과 함께하는 기도에는 외적으로 드러나는 형식이나 제의, 예컨대 특정한 언어 형식이나 기도하는 몸가짐, 앉는 자세, 고요함의 훈련 등을 결합하는 게 좋다. 이 시기의 어린이들에게는 그런 것들이 기도의 특징으로 받아들여지며, 그런 기도야말로 어린이들에게 정말 다가서는 기도, 어린이들을 도와줄 수 있는 기도이다.

둘째, 기도와 관련해서도 어떤 발달과 성숙의 측면이 있어서

때가 되면 어린이들도 여태껏 자신이 알고 있던 기도의 형식과 내용을 뛰어넘어 새로운 단계로 옮겨간다. 그렇기 때문에 순진무구한 어린이의 기도가 이후의 기도 생활 전체를 부패하게 만들 위험성은 별로 크지 않아 보인다. 오히려 정말 심각한 문제는 어린이들이 성장하면서 기도의 영역에서는 아무런 격려나 자극을 받지 못하는 것이다. 그러므로 어린이의 수준에 맞춘 단순한 기도는 추천할 만하다. 계속되는 발달 과정에서 그 단순한 기도는 다른 기도로 대치될 수 있고 또 그래야만 한다.

바로 이 문제와 관련해서도 어른들은 다시 한번 자신의 모습을 돌아보게 된다. 기도 이해의 발달은 아동기에 시작되기는 하지만 그 이후로도 평생 지속된다. 어른들의 기도에 대한 이해도 지금보다 더 성장할 수 있다. 그렇게 될 수 있도록 자극하는 것이 바로 어린이들이다. 어린이와 함께 기도한다는 것은 무엇인가? 그것은 급격한 변화 속에 있는 우리의 삶을 충실히 반영하는 기도란 어떤 것일까 고민하며, 그 물음에 대한 답을 찾기 위해 어린이와 함께 길을 떠나는 것이다.

어린이와 함께 기도하는 방법

어린이와 함께 기도하는 것이 종교 교육의 중요한 과제라는 점은 의심의 여지가 없지만, 아직 남아 있는 질문은 '어떻게?'이다. 어떻게 어린이와 기도할 수 있고 또 어떻게 기도해야 하는가? 이 물음은 아주 구체적인 것이다. 우리가 어린이와 함께 하고 싶은 기도를 찾든지 아니면 직접 만들어야 한다. 이 책에서 의도하는 바는 이미 출간된 수많은 어린이 기도 책에 나오는[35] 아주 구체적인 조언과 모범 기도문을 제시하는 것이 아니다. 그 대신 어린이를 위해 제공되는 그런 기도문을 제대로 평가할 수 있는 몇 가지 사유의 틀을 제시하려고 한다.

첫째, 어린이와 함께 기도한다. 여기서 강조되어야 할 것은 '함께'라는 말이다. 우리는 어린이를 위해서 혹은 어린이를 대신해서 기도하는 것이 아니라 어린이와 함께 기도해야 한다. 어린이의 기도는 단순히 어떤 정해져 있는 기도 문구를 따라하는 것이 아니다. 기도 역시 교육적인 면에서 책임 있는 행위가 되어야 한다. 기도는 어린이의 가능성과 어린이의 욕구를 충분히 고려한 것이어야 하고, 어린이의 반응에도 주의를 기울여야 한다. 또한 그 기도를 통해서 어린이가 자기만의 기도를 찾을 수 있어야 한다. 어린이들도 나름대로 기도를 고르거나, 외우거나, 다른 사람과 함께 소리 내서 따라할 수 있고 또 거기서 재미를 느끼기도 한다. 그러므로 과거와는 달리 이제는 기도 시간에 어린이들도 적극 참여하는 것을 지극히 당연한 것으로 받아들여야 한다.

둘째, 기도는 어린이의 눈높이에 맞춘 것이어야 한다. 기도의 언어는 어린이도 충분히 이해하고 함께할 수 있는 선별된 언어여야 한다. 고풍스러운 언어가 아니라 단순한 언어여야 한다. 기도를 하는 동기, 기도의 내용도 어린이의 경험 세계와 맞닿아 있어야 한다. 그날 어린이에게 좋았던 것, 나빴던 것, 신나는 놀이, 재미있는 장난감, 친구들, 어떤 동물, 어린이의 두려움과 걱정이 반영된 기도여야 한다. 최근에는 어린이의 이런 경험들을 과감하게 부각시킨 기도서들이 많이 나왔는데, 그러다 보면 자칫 너무 유치한 쪽으로 기울 수도 있다. 그래도 과거에 비하면 진일보한 것은 틀림없다.

하지만 어린이의 눈높이에 맞춰 기도한다는 것이 어른의 기도를 모두 제외시키자는 것은 아니다. 요즘 독일 유치원에서는 어린이들과 함께 외우는 기도의 목록에 주기도문이 다시 들어갔다. 어린이들 모두가 이해할 수 있는 쉬운 말로 된 기도문만 사용할 것인지, 어린이들이 거의 이해할 수 없을 정도로 어려운 어른들의 기도문을 써도 되는지 논쟁을 벌이는 것은 너무나 소모적인 일이다. 어린이들은 두 가지를 다 원한다. 독일 어린이들은 그 유명한 레기네 쉰들러Regine Schindler의 어린이 기도집에 나오는 기도 중에서 아주 재미있게 운을 맞춘 기도문 "내 다리 피곤~ 내 팔도 피곤~ 침대에 누워~ 이제는 포근!"[36]을 흥얼거리는 것도 좋아하지만, 한 번쯤 완전히 다른 기도를 따라하고 싶어하기도 한다. 예를 들어 어른들을 따라서 큰 목소리로 "하늘에 계신 우리

아버지여……!"라고 하는 것 말이다. 다양한 기도로, 다채로운 방식으로 하나님에게 말을 건네는 것을 경험한 아이들은 풍요로운 기도의 세계를 발견할 수 있다. 그런 경험을 통해서 어린이들은 자연스럽게 자신의 개인적이고 인격적인 기도의 세계를 찾아 나설 수 있다.

어린이의 종교 교육 문제에 관심을 갖는 부모 중에는 아이가 처음부터 너무 고정 관념에 사로잡히게 될까 염려하는 이들도 있다. 예컨대 하나님이 하늘에 계신다는 표현이나, 너무 남성적인 하나님의 이미지가 어린이의 종교 교육에 적합하냐는 것이다. 어린이들에게 기도를 가르치는 사람들은 이런 우려를 진지하게 받아들여야 한다. 기도는 기도하는 사람의 마음에 깊은 인상을 남기기 때문에 하나님에 대한 이미지 형성에 지대한 영향을 미친다. 바로 그렇기 때문에 다양성을 유지하는 것이 필요하다. 성경 또한 이러한 다양성을 지향하고 있다.

셋째, 진정성의 기준을 생각해야 한다. 우리가 스스로 기도할 수 없는 것, 우리 자신이 의미 있다고 여기지 않는 것을 어린이들과 함께 기도해서는 안 된다. 어린이는 어른이 진지하게 생각하는 것과 그렇지 않은 것을 정확하게 가려내는 아주 예민한 안테나의 소유자다. 우리 자신에게도 절실한 문제로 다가오지 않는 것, 우리가 내적으로 받아들일 수 없는 것이라면, 그것을 위해 어린이들과 함께 기도해서는 안 된다. 아무리 다른 사람들이 적극

추천하고, 여러 안내 책자에서 칭찬해 마지않는 기도문이라고 해도 마찬가지다. 그렇기 때문에 우리 모두는 어린이들과 함께 기도를 하려고 할 때도 자기만의 길을 찾지 않으면 안 된다. 우리 스스로가 좋다고 생각하는 길이라야 어린이들에게도 보여줄 수 있기 때문이다.

　기도의 진정성을 고민하자는 제안이 잘못 이해되어 괜한 부담감만 더하는 것이 되지 않길 바란다. 기도의 진정성을 따진다고 해서 모든 기도의 문구 하나하나를 미리 따져보고, 그 기도의 모든 표현에 진심을 담아 함께 기도할 수 있느냐 없느냐까지 고민하는 것은 과장된 것 같다. 정말 그런 식으로 하다가는 어떤 기도문도 찾을 수 없어서 아예 우리가 모든 기도문을 만들어야 할지도 모른다. 우리가 부르는 노래 중에서도 그 가사가 100퍼센트 마음에 들지는 않지만 충분히 함께 부를 만한 노래가 있지 않은가. 진정성의 기준은 어린이의 눈높이에 맞춘 물음과도 연결된다. 한마디로 어린이와 함께하는 기도라고 해서 어른들이 차마 따라할 수 없을 정도로 유치해서는 안 된다.

　넷째, 기도를 종교 교육이라는 큰 맥락에서 생각해야 한다. 독일의 종교 교육 관련 서적을 살펴보면 기도가 모든 종교 교육의 제일 앞에 와야 한다든지 찬양과 탄식이 먼저라든지 하는 논쟁이 소개될 때가 가끔 있다. 때때로 성경 이야기 교육은 상당히 나중에 시작하는 것이 좋다는 주장도 나온다.[37] 그러나 그것은 너무

지나친 논리다. 먼저 어린이에게 하나님에 대해 알려주는 이야기가 있어야 그 이야기에 기대어 기도가 가능하다. 거꾸로 이야기가 기도를 필요로 하기도 한다. 그래야 이야기 속의 하나님이 우리의 살아있는 대화 파트너가 될 수 있기 때문이다.

다섯째, 기도의 생태학을 생각해야 한다. 유치원이 가진 특별한 과제와 기회는 기도의 생태학을 가꾸어나가는 것이다. 그것을 통해서 일반 가정에도 좋은 자극을 줄 수 있다. 여기서 말하는 기도의 생태학이란 모든 기도, 특히 어린이의 기도에는 그 기도를 위해 조성된 환경이 중요하다는 것이다. 예를 들어 방 한가운데 밝혀 놓은 작은 초 하나, 매일 어떤 시간을 정해놓고 반복하는 것, 특정한 몸가짐이나 손의 모양, 다양한 기도의 전주 역할을 하는 고정된 기도문, 기도의 시작과 끝을 알리는 음악 등. 지금까지 연구된 기도의 발달 심리를 통해서 우리가 이미 알고 있는 바에 의하면, 이 책에서 기도의 생태학 혹은 기도의 환경론이라고 부르는 형식, 그 견실하게 조성된 형태야말로 어린이에게 특히 중요하다. 그런 환경이 제대로 조성되어 있어야 어린이가 기도를 진정한 기도로 경험할 가능성이 크기 때문이다. 그럴 때 비로소 어린이는 기도가 정말 좋은 것이라고 느낄 수 있다.

어린이에게 필요한 교회

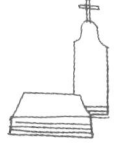

이제 드디어 어린이와 교회에 관한 문제를 생각해 보려고 한다. 어린이와 함께하는 기도에 관한 물음도 어렵지만, 어린이에게 교회가 필요한가라는 물음도 참 난감하다. 종교와 신앙에 나름대로 열려 있고, 종교 교육에도 큰 관심을 보이는 부모나 교사 중에서도 교회에 대해서만큼은 의혹을 내비치는 사람이 많다. "종교는 예스, 교회는 노우!" 이런 소리를 자주 듣게 된다. 그런 입장에서 보면 어린이에게 교회는 필요 없다. 하지만 이것은 현실의 한쪽 측면에 불과하다. 그렇다면 다른 측면은 어디에서 찾아볼 수 있는가? 독일의 많은 부모들은 과거와 마찬가지로 아이들이 교회에서 세례를 받을 수 있도록 하고 있고, 나중에는 그 아이를 견신례 수업에 보낸다. 그러므로 어린이의 종교 권리, 종교적 동반의 권리를 주장하는 사람이라면 교회의 존재를 완전히 무시할 수는 없다. 적어도 어린이들에게 교회가 어떤 의미로 다가올 수 있는지 유심히 살펴볼 필요가 있다.

"어린이에게 교회가 필요한가?"라는 질문은 결국 "어린이에게 필요한 것은 어떤 교회인가?"라는 질문으로 이어진다. 이 질문은 사실 매우 이중적인 질문이다. 일단 어린이의 상황을 제대로 파악하고 거기에 대응하는 교회는 과연 어떤 모습인지 묻고 있다. 다른 한편으로는 교회는 어떻게 스스로를 파악하고 있는지 묻는다. "어린이들이 없는 교회가 과연 존재할 수 있는가? 왜 교회는 어린이들에게 의존하는가?" 이런 물음은 서로 긴밀하게 얽혀 있다. 오직 어른에게만 집중되어 있는 교회보다는 어린이가 없어서는 안 된다고 생각하며 어린이 눈높이에 맞추려고 애쓰는 교회가 부모와 교사들에게도 더 열린 교회로 다가올 것이다.

어린이에게 교회가 필요한가

우리는 교회에 대한 물음도 어린이의 관점에서, 또 어린이의 종교 권리라는 관점에서 접근해 보려고 한다. 그렇기 때문에 우리는 단순히 신학적인 해답을 제시할 생각도 없고 신학적인 논증에 기대지도 않을 것이다. 신학적인 논리를 따르자면 어린이에게도 신앙을 위해 교회의 선포가 필요하다는 것이 애당초 정답이다. 그러나 어린이의 관점에서 생각하려고 하는 많은 부모와 교사에게 이런 신학적인 대답은 결코 충분한 해답이 되지 않는다. 그러므로 우리는 달리 물어야 한다. "교회는 어린이에게 어떤 모습으로 나타나는가?"

모름지기 인간이 어떤 종교적 확신을 갖게 되는 데는 공동체 경험, 즉 어떤 종교 공동체에 소속되어 있다는 것이 중요한 역할을 한다. 우리 스스로에게 중요한 무엇인가를 다른 사람에게 전달하고 그것을 함께 나누려는 모습은 인간됨의 본질에 속한다. 이런 공동체 경험은 가족에서 시작해 유치원이나 학교의 동년배 집단 혹은 친구 관계를 통해 지속된다. 교회는 누가 뭐래도 바로 이런 공동체 경험이 이루어질 수 있는 곳이다. 교회는 어린이들 주위에 일반적으로 형성되는 여러 공동체를 넘어서는 공동체이다. 규모부터가 여느 공동체들과 분명한 차이를 보인다. 그리고 교회에서는 어른과 어린이가 함께한다. 이렇게 교회는 가정이나 유치원에서의 종교 교육을 보완, 확대, 보증한다.

그러나 어린이들이 교회를 정말 그런 긍정적인 공동체로 경험할 수 있는지의 여부는 교회가 얼마나 어린이의 눈높이에 맞는 프로그램을 제공할 수 있느냐에 달려 있다. 대부분의 교회에는 어린이 예배와 어린이 모임, 청소년 모임이 있고, 특별히 어린이들을 위한 어린이 합창단, 어린이를 위한 놀이마당, 만들기 등의 프로그램도 있다. 어떤 교회에서는 어린이와 어른이 함께하는 프로그램, 예를 들어 '아빠·어린이 모임'을 꾸리기도 한다. 이런 프로그램을 통해서 교회는 가정에서 감당해야 할 종교 교육의 짐을 덜어줄 수 있다. 부모는 어린이들에게 그런 프로그램이 있다고 알려주고 어린이들이 참여할 수 있도록 도와줌으로써 어린이의 종교 권리를 존중해 줄 수 있다.

오래 전부터 정교회와 가톨릭교회는 어린이의 종교 교육과 관련해서 예배가 상당히 중요하다는 점을 강조해왔다. 최근에는 개신교 교회도 그 중요성을 예민하게 느끼고 있다.[38] 예배를 통해서 느낄 수 있는 것, 이를테면 장엄한 오르간 연주, 강대상과 제단에 장식된 다채로운 상징, 빛과 어두움, 예스러운 언어, 동작, 기도, 이 모든 것은 어떤 미적인 차원을 내포하고 있다. 이 미적인 차원은 어린이들도 충분히 감지할 수 있는 것, 어쩌면 어린이라서 더 잘 느끼고 받아들일 수 있는 영역일 수 있다. 이런 미적인 경험의 의미를 결코 무시해서는 안 된다. 종교 교육이 어린이들에게 '직관을 통한 인식'의 길을 열어줄 수 있는지 가장 치열하게 고민할 수 있는 영역이 다름 아닌 미적 교육의 영역이기 때문이다.

우리는 어린이들에게 하나님을 보여줄 수 없다. 하나님은 그저 하나님에 관한 수많은 이야기 안에서, 또한 그런 이야기의 뒤에서 드러나며 그것을 통해서 우리는 하나님을 이해한다. 그러나 예배는 직관의 대상을 제공한다. 교회 건물도 같은 맥락에서 언급할 수 있다. '교회'라는 말을 들으면 어린이들은 대개 눈앞에 보이는 교회 건물을 생각한다. 마르틴 루터는 어린이가 교회를 교회 건물과 동일시하는 수준을 넘어서야 한다고 강조한 바 있다. 그것은 교회가 거기 모인 사람들의 공동체를 뜻하기 때문이다. 그런데 최근에 대두된 교회 교육학Kirchenpädagogik은 교회 건물을 종교 교육을 위한 공간으로 활용하고자 한다.[39] 나름의 독특한 건축 양식이 있는 교회, 의미 있는 그림과 상징으로 장식된 교회의 내부는 다양한 학습의 기회와 가능성을 안고 있다는 사실을 우리는 지금까지 오랫동안 소홀히 여겨왔다는 것이다. 중세 시대 교회의 성화들은 문맹자들에게 일종의 성경으로 간주되었으며, 실제로 그런 목적으로 많은 성화를 걸어놓았다.

지금까지 살펴본 것처럼 교회도 여러 가지 면에서 어린이들을 위해 뭔가를 제공하고 있으며, 또 그런 교회라면 어린이들에게 뭔가 의미 있는 곳이 될 수 있다. 물론 그렇게 되기 위해서는 교회가 어린이를 존중하고 어린이의 상황을 제대로 파악하고 있어야 한다. 그런 맥락에서 우리는 다음의 질문을 던진다.

교회는 어린이의 상황을 제대로 파악하고 있는가

교회가 어린이들을 위해서 다양한 프로그램을 제공하고 있다는 사실에는 의심의 여지가 없다. 앞에서 우리는 어린이의 눈높이에 맞춘 프로그램의 중요성을 강조한 바 있다. 분명 어린이에게도 교회가 필요하다면, 이제 우리가 좀더 진지하게 물어야 할 질문은 그 교회가 어린이의 상황을 제대로 파악하고 있느냐는 것이다. 더 구체적으로 물어보자. 어린이는 자신이 교회에서 환영받고 있다는 것을 직접 느끼고 알 수 있는가? 어떤 어린이들에게 어떤 프로그램을 제공하고 있는가? 또 한 가지 질문이 있다. 그렇다면 전체적으로 보았을 때 교회에 오는 어린이의 수가 많지 않다는 것은 어찌된 영문인가? 몇 년 전 독일개신교교회협의회EKD는 교회의 어린이 사업에 대한 비판적 자기 점검을 감행했다. 그 결과 스스로에 대한 잘못된 환상을 깨지 않을 수 없었다.

교회 안에서조차 어린이를 어떤 제한된 영역 안에만 있게 하고, 어린이를 그저 돌봄과 교육의 대상으로 간주하며, 어린이를 위해 봉사하는 사람들을 실제로는 중요하게 여기지 않는 경향이 있다. 어린이를 위해 많은 일을 하고 있다고는 하지만, 일반적으로 교회는 어린이를 주체로, 다시 말해 자기만의 물음과 통찰과 관심이 있는 주체로 간주하지 않는다. 무엇보다 교회의 직책 편성, 재정 구조, 주요 사업 운용 등을 살펴보면 그 교회가 어린이와 함께하는 일을 얼마만큼 진지하게 받아들이고 있는지 알 수 있다.[40]

이러한 자기 점검, 그리고 그에 상응하는 교회의 자기 비판적인 문제의식이 점점 확산될 필요가 있다. 또한 어린이와 교회의 관계에서 생겨나는 다른 문제들도 철저하게 검토해봐야 할 것이다.

많은 교회에서 유아 세례를 실시하고 있지만, 그것 말고는 갓난아기들을 위한 프로그램이 전혀 없다. 유아 예배라든지 부모·어린이 모임 등의 시도가 있었지만, 아직 이 시기의 아이와 부모를 위한 실질적인 해법은 찾지 못한 상태다. 예배중에 아이를 맡아주는 일도 제대로 이루어지지 않는 교회가 아직도 많다. 원래 유아 세례를 받은 아이들은 당분간 집에서 지내도록 한다. 몇 년 후에는 저절로 다시 교회를 찾을 거라고 기대하지만 그것은 현실성이 없는 기대이다.

주일 오전의 이른바 대예배에서는 아이들이 교회에서 환영받고 있다는 느낌을 받을 수가 없다. 교회 내 공간도 어린이들이 거기에 뭔가 흔적을 남길 수 없는 경우가 대부분이다. 아주 예외적으로 어린이 도서가 비치되어 있거나 어린이가 그린 그림이 걸려 있을 때가 있지만, 주도적인 분위기는 어린이가 거의 배제된 모습이다. 한마디로 대예배는 어른 예배다. 어린이는 예배를 방해하는 골칫거리가 된다. 실제로 이것이 지금의 예배 현실이다. 어린이의 울음소리가 설교의 흐름을 끊어놓고, 그것 때문에 어른들은 도무지 마음을 가라앉히고 집중할 수 없다고 느끼는 것이다.

상당히 많은 교회가 예전보다 자주 거행하는 성만찬 예식에서 아이들을 여전히 배제하고 있다. 견신례를 받아야만 성만찬을 허용하던 전통적인 예법이 서서히 바뀌고 있어서 지금은 견신례를 받지 않은 어린이나 청소년도 성만찬에 참석할 수 있다. 이 점에서는 비교적 열린 입장을 취하는 교회들도 미취학 아동은 여전히 성만찬에 참여하지 못하게 하고 있다.(여기에 대해서는 뒤에서 좀더 자세히 다룰 것이다.)

교회와 유치원 사이에는 심각한 소통의 장애가 있다. 교회에서 세운 유치원에서도 그와 같은 문제가 발생하곤 한다. 종교 교육을 중요하게 생각하는 유치원에서도 교회와의 연결고리는 없는 경우가 많다. 그렇다고 해서 교회 부설 유치원이 무의미한 것은 아니다. 어린이의 종교 권리를 감안할 때 그런 유치원이 어린이를 위해 매우 중요한 기관이 될 수 있다. 하지만 이 경우에도 유치원이 어린이와 교회 사이의 다리 역할을 하는 것은 결코 아니다.

어린이와 청소년을 위한 교회 프로그램과 어린이 예배는 비교적 소수의 어린이들에게만 호소력이 있다. 이 어린이들은 그런 프로그램을 중요하게 생각하지만, 우리 사회 대다수의 어린이들은 교회에 대해서 그런 긍정적인 관계를 발전시키지 못한다.

이런 현실에 직면하여 우리는 독일개신교교회협의회가 어린이를 주체로 인정하는 것과 관련하여 지적한 문제를 넘어, 교회와 어린이 간의 불편하고 어려운 관계에 대해서 근본적으로 고민하지 않을 수 없다. 독일 라인란트 주교회가 내건 멋진 구호가 있다.

"교회는…… 어린이들을 위한 오아시스다!"[42] 상당히 중요한 이미지가 담긴 말이지만 현실과는 상당히 거리가 있는 말이기도 하다. 오아시스의 이미지를 그대로 써서 말해보자. 교회가 어린이들의 '오아시스'인 것은 사실이지만, 그리고 그 오아시스를 찾는 어린이들이 아예 없는 것은 아니지만 비교적 소수의 어린이들만이 그곳을 찾아온다. 게다가 그 오아시스에는 아이들이 좋아할 만한 물웅덩이가 너무 드물다.

어린이들에게 친근하게 다가설 수 있는 교회의 모습은 어떤 것인가? 어떻게 그런 교회가 될 수 있는가? 이 문제와 관련하여 독일의 신학자 헨닝 슈뢰어Henning Schröer는 우리가 진지하게 생각해볼 만한 자기 점검 목록을 제시해 준다. 이것은 "희망의 사실주의를 토대로 한 자기 비판적인 교회 활동을 위한" 것이다.[43]

- 유아부, 아동부 모임 이외에도 '부모·어린이 모임'을 꾸린다.
- 온 가족이 함께하는 예배와 어린이 예배를 적절하게 배열한다. 둘 중 하나만 고집하는 것은 그릇된 방법이다.
- 어린이 설교의 새로운 형식을 고민한다. 결국 이것은 기존 설교의 변화를 의미한다.
- 어린이들이 성경과 친근하게 사귈 수 있도록 노력한다.
- 교회 소식지에 어린이 소식도 싣는다.
- 교회의 중요한 회의에 어린이 대표자/대변자도 참석시킨다.

- 유치원과 교회 활동 사이의 접점을 찾는다. 교회가 속한 지역의 가정문화/교육 센터와 연대한다.
- 어린이를 위한 상담 기관을 확충한다.(예컨대 어린이의 전화)
- 우리 시대 어린이와 관련된 테마들을 주제별로 연구한다.(입양, 폭력, 대중 매체, 시간 배분, 돈에 대한 교육, 생일 축하 파티, 견신례 파티, 길거리에서 구걸하는 아이 등)
- 교회의 특별한 잔치, 야유회, 수련회 준비에 어린이의 의견을 반영한다.(예컨대 장소 문제에 대해 함께 이야기하고 함께 행사를 꾸려나간다.)
- 학교 숙제를 도와주는 모임을 꾸린다.
- 장애가 있거나 질병이 있는 어린이, 제3세계의 어린이, 외국인 어린이와 만나고 사귈 수 있는 프로젝트를 기획하고 실행한다.

물론 이 목록이 전부는 아니다. 다만 어린이의 현실을 고려한 교회가 되는 길이 올바르고 중요한 첫걸음을 내딛기는 했지만, 아직 얼마나 멀고 먼 길인지는 분명해졌다. 하지만 우리는 이 길을 계속 걸어갈 것이다. 그렇게 할 경우 위의 목록은 우리에게 경고이면서 동시에 격려가 될 수 있다. 어린이에게 교회가 필요하다면 어린이는 자신의 사정을 잘 이해하는 교회를 경험할 권리도 가지고 있는 셈이다. 그런 교회가 되기 위한 노력은 계속되어야 한다. 그것은 어린이들을 위한 것이기도 하지만 교회를 위한 것이기도 하다. 교회도 어린이가 필요하기 때문이다.

교회는 왜 어린이가 필요한가

이 물음에 대한 첫 번째 대답은 어린이에게 교회가 필요하다는 말 속에 이미 내포되어 있다. 어린이에게 교회가 반드시 필요하다면, 교회는 인간에 대한 교육과 봉사의 책임을 다하기 위해서 어린이의 필요를 충족시켜 주어야 하며 어린이를 위한 공간이 되어줄 수 있어야 한다. 게다가 교회를 비롯한 모든 기관은 다음 세대에 그 기관을 이끌어나갈 젊은 사람들이 꼭 필요하다. 인간은 유한한 존재이기 때문에, 또 인류는 항상 새로운 세대로 재구성되어야 하기 때문에 인간의 모든 모임은 차세대에 의한 갱신에 의존하지 않을 수 없다. 그러한 갱신이 일어나지 않는 모임은 머지않아 종말을 맞게 된다. 결국 사라지고 마는 것이다.

단순히 그것 때문에 교회는 어린이에게 관심을 가지는 것인가? 새로운 교인이 필요하기 때문에? 만약 그렇다면 교회는 어린이를 자기의 목적을 위한 수단으로 삼는 것이고 어린이를 대상화하는 것이다. 그러므로 교회의 세대 교체에 대한 실제적인 고민은 신학적이고 교육학적인 검토가 필요하며 또 거기에 근거한 상세한 규정이 필요하다.

신약 성경에는 어린이와 교회의 관계, 어린이와 신앙의 관계를 근본적으로 사유하게 만드는 본문이 두 군데 있다. 첫 번째 본문은 그리스도인의 삶과 어린이의 관계를 다루고, 두 번째 본문은 그리스도교 신앙과 어린이의 관계를 다루고 있다.

그리고 어린이 하나를 데려다가 그들 가운데 세우신 다음에, 그를 껴안아주시고 그들에게 말씀하셨다. "누구든지 내 이름으로 이런 어린이들 가운데 하나를 영접하면, 그는 나를 영접하는 것이요, 누구든지 나를 영접하는 사람은 나를 영접하는 것보다, 나를 보내신 분을 영접하는 것이다."(《마가복음》9: 36~37)

여기서 예수는 어린이와 자신을 동일시하고 있다. 그 어린이는 관심과 도움과 인정이 필요한 어린이, 우리가 영접해 주어야 할 어린이다. 하지만 여기서 더욱 분명한 것은 어린이를 그렇게 대하는 사람이 하나님도 그렇게 대한다는 사실이다. 이렇게 보면 어린이는 우리 가운데 "지극히 보잘것없는 형제", 즉 우리의 도움이 필요한 약한 사람이다. 이런 사람에 대해서 다른 성경 구절은 이렇게 말한다.

"너희가 내 형제자매 가운데, 지극히 보잘것없는 사람 하나에게 한 것이 곧 내게 한 것이다."(《마태복음》25: 40)

신학자 울리히 베커Ulrich Becker는 이 사상을 한마디로 집약해서 이렇게 말한 바 있다. "하나님과 그분의 구원은 어린이도 있을

수 있는 곳에만 있다."⁴⁴

두 번째 본문은 어린이 신앙의 대헌장Magna Charta이라고 할 만하다.

사람들이 어린이들을 예수께 데리고 와서 쓰다듬어 주시기를 바랐다. 그런데 제자들이 그들을 꾸짖었다. 그러나 예수께서는 이것을 보시고 노하셔서 제자들에게 말씀하셨다. "어린이들이 내게 오는 것을 허락하고 막지 말아라. 하나님 나라는 이런 사람들의 것이다. 내가 진정으로 너희에게 말한다. 누구든지 어린이와 같이 하나님 나라를 받아들이지 않는 사람은 거기에 들어가지 못할 것이다." 그리고 예수께서는 어린이들을 껴안으시고, 그들에게 손을 얹어서 축복하여 주셨다.

(〈마가복음〉 10: 13~16)

이 본문에 따르면 어른은 어린이에게서 신앙을 배워야 한다. 또 어른은 "어린이들과 같이" 되어야 한다.(〈마태복음〉 18: 3) 이 두 가지 과제의 실천은, 교회에 어린이들이 아예 없거나 있기는 있지만 기껏 교회의 한 귀퉁이만 차지하고 있다면 불가능한 일이다.

두 본문에 근거하여 원칙적으로 어린이의 참여를 배제하고 있는 현재의 성만찬 규정에 근본적인 문제 제기를 할 수 있다.⁴⁵ 성만찬에 어린이를 제외시킨 역사는 중세로 거슬러 올라간다. 성만찬에 참여하는 사람은 이것이 특별한 식사라는 것을 이해하고, 성만찬의 의미를 이해할 수 있어야 한다는 생각 때문이었다. 그래서 개신교 교회도 견신례 수업을 통해서 성만찬에 대한 교육을 받은 사람만이 성만찬에 참여할 수 있도록 했다. 성만찬에 참여하기 위해서 성만찬의 의미에 대한 기본적인 교육이 선행되어야 한다는 점은 성만찬의 본질에 부합할 뿐만 아니라 어린이의 시각에서 볼 때도 충분히 긍정할 만한 부분이다. 하지만 우리가 받아들일 수 없는 것은 아동기에는 그런 기본 교육이 불가능할 것이라는 가정이다. 그런 식의 견해는 한편으로는 어린이를 과소평가하는 것이며, 다른 한편으로는 청소년과 어른을 과대평가한 것이다.

그 사이 독일의 많은 교회에서 학교에 입학한 어린이의 경우 성만찬에 참여할 수 있도록 한 것은 환영할 만한 일이다. 하지만 아직 아쉬운 부분이 있다. 취학 전 아동은 여전히 성만찬에서 제외되고 있다. 그러나 그것은 신학적으로나 발달심리학적으로나 교육학적으로 아무런 근거가 없는 일이다. 그러므로 현재의 조심스러운 완화 조치는 아직 충분한 것이 아니다. 교회가 진정 열린 마음과 새로운 태도로 어린이를 대하려 한다면 일단 세례를 받은 어린이는 원칙적으로 모두 성만찬에 참여할 수 있도록 해줘야 한다.[46] 그와 동시에 모든 어린이가 자기의 연령과 발달 단계에 맞게 성만찬 참여에 필요한 교육을 받을 수 있도록 배려해줘야 한다.

마지막으로 한 가지 꼭 기억해야 할 것이 있다. 그것은 교회에 어린이가 있음으로 해서 '여러 세대를 아우르는 배움'의 기회가 찾아온다는 점이다. 어린이와 함께 삶을 나누며 어린이에게 귀 기울이는 것, 바로 거기에 어른들도 더 의식적인 삶을 살 수 있는 가능성, 자기 자신의 삶의 이야기를 새롭게 바라볼 수 있는 가능성이 있다. 어린이의 중대한 질문들은 우리 어른도 자기 자신의 실존과 결부된 중요한 물음에 눈뜨게 만든다.

어린이의 종교 권리는 어른에게 반대하는 권리가 결코 아니다. 어린이의 종교 권리는 오히려 어른을 위한 것이다. 그 어른이란 한때는 모두 어린이였다. 어린이를 종교적으로 동반하는 것이 어른에게도 큰 도움이 될 것이다. 어린이의 물음을 '중대한' 물음, '큰' 물음이라고 하는 것은 어린이가 상대적으로 작아서가 아니다. 그 물음이 큰 물음인 까닭은 다 큰 사람들, 즉 어른들까지도 사로잡는 물음이기 때문이다.

전망 : 어린이의 권리와 종교 권리

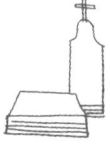

마지막으로 명확하게 짚고 넘어가야 할 물음이 하나 남았다. 우리가 어린이의 '종교 권리' 또는 '종교적 동반의 권리'라는 표현을 쓰고 있는데, 그것이 과연 무슨 뜻인가? 도대체 어떤 의미의 권리를 말하는 것인가? 특정 국가의 법조항이나 국제적으로 법률과 유사한 효력을 인정받는 선언문에 나오는 권리라는 말은 좁은 의미의 권리이다. 국제적 선언의 대표적인 예로 1948년 유엔이 가결한 '자유와 인권 협약'을 들 수 있다. 하지만 권리라는 말이 명문화된 법적 요구의 수준을 넘어, 현실 속의 구체적인 인간에게 주어진 무엇인가를 가리키는 말이 되면 그때는 넓은 의미의 권리가 된다. 모든 사람은 생존권을 갖고 있기 때문에 생존에 필요한 것을 요구할 권리도 갖고 있다. 넓은 의미의 권리는 법을 제정하는 의회나 그에 상응하는 국제 기구에만 의존하는 것이 아니다. 교육학, 신학과 같은 학문도 그 권리를 논하고 여러 시민 단체들도 그 권리의 대변자가 될 수 있다.

이 책에서 말하는 어린이의 종교 권리도 넓은 의미의 권리에 속한다. 이런 맥락에서 우리는 우리 시대의 어린이들에게 과연 어떤 조건이 주어져 있는지, 그들이 성장하는 데 필요한 것이 무엇인지 묻고 또 물었다. 어린이의 종교 권리, 종교적 동반의 권리는 어떤 법률적인 사안을 다루는 좁은 의미의 권리가 아니라, 어린이의 성장에 책임이 있는 모든 사람—특히 부모와 교사—에게 하나의 도전으로 다가오는 넓은 의미의 권리이다.

하지만 어린이의 종교 권리는 이미 우리 사회에서 보편적으로 관철된 의식, 즉 어린이는 법적인 의미의 권리도 지니고 있다는 의식의 지평 위에 서 있다. 이러한 의식의 가장 강력한 표현이 1989년 유엔의 '어린이인권협약'이다. 이 선언문은 분명히 "아동의 사상, 양심 및 종교의 자유"에 대해 말하고 있다.(제14조) 따라서 우리가 어린이의 종교 권리를 명시적으로 어린이 인권의 지평에 두는 것은 어린이의 종교 권리가 무엇인지 규명하는 데 도움이 될 것이다. 그래야만 오늘 우리의 과제가 무엇인지 분명히 알 수 있을 것이다.

그에 앞서 한 가지 오해를 바로잡도록 하자. 어린이의 종교 권리는 결코 종교의 의무가 아니다. 자유로운 국가에 사는 모든 개인은 자기 자신의 삶을 어떻게 꾸려나갈지 스스로 결정하고 그 결정에 따라 살아갈 수 있다. 개인의 권리는 그 개인에게 삶의 가능성을 보장해주는 것이어야지, 그가 이런 삶의 가능성을 어떻게 받아들여야 하는지 지시하는 것이어서는 안 된다. 어린이의 종교 권리는 자유의 문제, 즉 종교의 자유 문제이다. 종교의 자유는 종교에 반대하는 결정의 가능성까지도 포함하는 자유이다.

어린이의 권리, 어린이 세기의 유산

1900년 스웨덴의 여성 교육학자 엘렌 케이는《어린이의 세기》라는 책을 통해서 20세기를 '어린이의 세기'로 선언했다.[47] 오늘날 이 책을 다시 한 번 읽는 사람은 이 세기적 운동의 원동력이 된 특별한 깨달음에 주목하게 될 것이다. 어린이에게도 '독자적인 권리'가 있다는 깨달음이 바로 그것이다. 이 권리를 인정하고 관철시키는 것이야말로 그 운동의 최대 관심사였다. 엘렌 케이는 교육을 새롭게 이해하고 그것을 시에 가까운 언어로 풀어냈다. "스스로 어린이처럼 되는 것, 그것이 어린이 교육의 첫째 조건이다." "(교육이란) 어린이를 진정 어린이로 대해주려는 것"이다. 그것은 "어린이가 자기만의 독자적인 세계를 갖고 있기 때문이다. 어린이는 그 세계에 적응하고, 그 세계를 정복하고, 그 안에서 꿈을 꾸려고 한다." 이것이 새로운 교육 이해의 핵심이다.

그렇다면 교육이란 무엇인가? 엘렌 케이에게 교육은 "어린이에게 인성 건축에 필요한 건축 자재를 갖추어주는 것이며, 그 다음에는 어린이가 자기의 인성을 직접 지어나갈 수 있도록 해주는 것이다. 한마디로 말해 이것이 바로 교육의 기술이다."[48] 하지만 엘렌 케이가 말한 모든 것을 무비판적으로 받아들일 수는 없다. 예를 들어 엘렌 케이가 언급한 권리의 제일 꼭대기에 있는 권리, 즉 "조화롭지 않은 혼인 관계에서 태어나지 않을" 권리는 어떻게 받아들여야 하는가? 도무지 그런 권리를 생각할 수 있는가? 그런 발언에는 그야말로 비인간적인 완전성의 이상이 엿보이지 않는가? 그 밖에도 엘렌 케이가 장애 아동에 대한 소극적 안락사를 생각한 것처럼 보이는 구절, 그리스도교를 향하여 그릇된 '관대함' 운운하며 비난하는 구절은 어떻게 받아들여야 하는가?[49] 20세기 초반은 어린이의 독자적인 권리가 무엇인지 고민이 더 필요한 시기였던 것 같다. 그로부터 거의 4반세기가 흐른 1924년에야 비로소 최초의 아동권리선언(제네바선언)이 채택되었다. 지금까지의 논의 맥락에서 볼 때 이 선언문의 첫 문장은 매우 흥미롭다.

"어린이에게는 정상적인 발달을 위해 필요한 수단이 공급되어야 한다. 물질적으로나 영적으로나."[50]

여기에 명문화되어 있는 어린이의 권리는 어린이의 종교 권리와 상당히 가깝다. 이 선언문도 어린이의 발달에 물질적인 측면만 있는 것이 아니라 '영적인' 혹은 '종교적인' 차원이 있음을 전제하는 것 같다. 당시의 사상적 분위기를 감안할 때, 이 문장은 어린이가 그런 수단을 공급받을 수 있도록 적극 지원하고 어린이의 발달 과정에 함께 참여하는 것까지 포함한 요구라고 할 수 있다.

어린이의 권리에 입각한 교육 사상은 야누쉬 코르착의 유명한 저서 《아이들이 존중 받을 권리》와 함께 새로운 단계로 도약한다. 이 책은 최초의 아동권리선언의 영향을 받아 1928년에 집필되었다. 코르착의 글은 어린이의 권리라는 말에 담긴 교육학적 의미를 보여준다. 코르착도 어린이에 대한 태도의 변화를 촉구했다. 아주 인상적인 글이기 때문에 다시 한 번 인용한다.

아주 어렸을 적부터 우리는 큰 것이 작은 것보다 중요하다는 느낌 속에서 자라난다. 어린이를 책상 위에 올려놓으면 그 어린이는 '나는 크다'고 생각하며 좋아한다. 같은 또래의 다른 아이 옆에 서서 키를 재다가 '난 너보다 커' 하면서 으스대곤 한다. 까치발을 딛고 최대한 팔을 뻗어보지만 제대로 잡을 수 없을 때 얼마나 창피한지. 다리가 긴 어른 뒤를 쫓아가는 것이 얼마나 힘든지. 작은 손에서 유리잔이 얼마나 쉽게 떨어지는지…… 크고 넓은 것만이 존중과 감탄을 자아낸다. 작다, 그것은 흔한 것이어서 별로 재미가 없다. 작은 사람들, 작은 욕구, 작은 기쁨, 작은 슬픔.

여기서 코르착은 어린이의 변호인이 되어 말하고 있다. "어린이도 존중을 받아야 한다." 그런데 코르착은 법에만 의존하지 않고 하나님에게도 의지한다.

법과 하나님 앞에서는 사과 꽃도 잘 익은 사과만큼 중요하고 파릇파릇한 씨앗도 무르익은 곡식으로 가득한 밭 전체만큼 중요하다.

코르착은 오래 전에 이미, 《아이들이 존중 받을 권리》만큼 중요한 글로 손꼽히는 《아이들을 어떻게 사랑해야 하는가》(1918)에서 자유의 '기본법' '자유의 대헌장'을 공포한 바 있다. 앞에서 소개한 것처럼, 코르착은 어린이를 위한 '세 가지 기본권'을 제시한다. 그것은 "자기 죽음에 대한 어린이의 권리, 오늘 하루에 대한 어린이의 권리, 원래 자기 모습대로 있을 수 있는 어린이의 권리"[51]이다. 그 뒤로 길고 긴 발전 끝에 1959년 아동의 권리에 관한 유엔의 첫 번째 선언문이 채택되었고, 마침내 1989년 유엔 어린이인권협약이 의결되었다. 여기에 대해 잠깐 살펴보도록 하자.[52]

종교의 권리와 1989년 어린이인권협약

유엔의 '어린이인권협약'은 어린이도 독자적인 인격체라는 것을 법률적으로 확정짓기 위한 오랜 노력의 기념비적인 성과로 칭송되고 있다. 실제로 여기에는 의미심장한 변화가 담겨 있다. 어린이에게 무엇이 좋고 나쁜지 결정할 수 있는 권한은 오직 어른에게 있다는 생각은 아주 오랫동안 당연한 것이었다. 그러나 이제는 어린이도 함께 결정할 만한 능력이 있다는 견해가 관철된 것이다. 어린이의 권리에 대한 논의 속에서 어린이는 '독자적인 법적 주체'로 인식된다. 그에 따라 어린이는 타인을 통해서, 예컨대 부모를 통해서 자신의 권리를 감지하는 것이 아니라, 자기가 직접 그 권리를 감지할 수 있고 또 그래야만 한다.[53]

'어린이의 복지에서 어린이의 권리로'의 발전도 이런 맥락에서 이해할 수 있다. 어른들은 무조건 어린이의 후견인 행세를 하려고 해서는 안 된다. 어린이에 관한 법적인 규정도 전적으로 타인에 의한 규정이 되어서는 안 된다. 어린이도 함께 대화하고 함께 결정할 수 있는 권리가 점점 강화되고 있다. 이것은 분명 환영할 만한 일이다. 하지만 어린이가 일단은 타인의 보살핌에 의존되어 있다가 서서히 독립적인 주체로 성장하는 것이기 때문에 때때로 갈등이 빚어질 수도 있다. 어린이의 권리에 대해 말하는 한 이런 갈등이 불가피하다는 것을 의식할 필요가 있다. 그런데 이런 발전과 어린이의 종교 권리는 어떤 관계에 있는가? 어린이인권협약 제14조는 종교에 관한 문제를 언급하고 있다. 그 조항은 다음과 같다.

(1) 당사국은 아동의 사상, 양심 및 종교의 자유에 대한 권리를 존중해야 한다.
(2) 당사국은 아동의 능력 발달에 맞게 권리를 행사할 수 있도록 지도할 수 있는 부모 혹은 법적 후견인의 권리와 의무를 존중해야 한다.
(3) 종교와 신념을 표현하는 자유는 오직 법률에 의하여 규정되고 공공의 안정, 질서, 보건, 윤리 또는 타인의 기본권적 권리와 자유를 보호하기 위해 필요한 경우에만 제한될 수 있다.

종교를 어린이의 권리로 이해하는 우리의 입장에 비춰볼 때, 어린이인권협약이 종교의 문제를 생략하지 않았다는 것은 일단 환영할 만한 일이다. 종교적인 관점에서도 어린이에게 어떤 권리가 있다는 점을 기본적으로는 인정하고 있는 것이다. 어떤 어린이도 자신의 종교적인 느낌과 생각과 물음을 자유롭게 표현하는 데 방해를 받아서는 안 된다. 어린이인권협약은 이 권리를 보장해주고 있다.

하지만 나는 바로 이 부분에서 문제 제기를 하지 않을 수 없다. 어린이인권협약이 어린이의 종교 권리를 이른바 '자유권'에 포함시켰기 때문이다. 위의 조항은 어린이의 종교적 표현이 부당하게 제한되지 않도록 하자는 수준이다. 결국 소극적인 보호 내지 방어의 권리만 보장하고 있는 것이다. 어린이를 과도한 종교적 영향력으로부터 보호하는 것뿐만 아니라, 어린이의 종교적 발달을 함께해주는 것이 중요하다는 점이 완전히 혹은 거의 고려되지 않았다. 어린이인권협약은 그러한 동반을 보장해 줄 수 있는 아무런 조치도 취하지 않았다. 하지만 어린이인권협약의 다른 부분에서는 이른바 이행 보증의 성격을 띤 조항을 찾아볼 수 있는데, 어린이의 교육 권리에 대한 조항이 대표적인 예다.

제28조
(1) 당사국은 아동의 교육에 대한 권리를 인정하며……

제29조
(1) 당사국은 아동 교육이 다음의 목표를 지향해야 한다는 데 동의한다.
가. 아동의 인격, 재능 및 정신적, 신체적 능력을 최대한 계발한다.
나. 인권과 기본 자유 및 유엔헌장에 내포된 원칙을 존중한다.
다. 자신의 부모, 문화적 주체성, 언어 및 가치 그리고 현 거주국과 출신국의 국가적 가치 및 이질 문화를 존중한다……

어린이의 교육 권리를 인정하고 있다는 점에서 이 조항은 분명한 발전의 흔적이다. 하지만 안타깝게도 종교 권리에 대한 부분은 따로 언급되지 않았다. 어린이의 인격과 '정신적·신체적 재능'의 계발에 대해 말하고 있으니, 종교적인 차원도 포함된 것이라고 볼 수도 있다. '문화적 주체성' 혹은 '문화적 가치'라는 것도 엄밀히 보면 항상 종교적 차원을 함축하고 있다. 그러나 어린이인권협약은 이러한 측면을 명시적으로 표현하지 않았다.

결과적으로 어린이의 종교 권리는 기껏 자유권의 영역에 들었을 뿐, 이행 보증의 영역에 들어가지는 못했다. 이것은 어린이인 권협약의 의결에 앞서 열린 토론의 자리에서 부모의 결정권 및 교육권이 어린이의 자기 결정권에 얼마만큼 양보할 수 있느냐의 문제가 중요한 논란이 되었던 상황과도 관련이 있다.[54] 의결에 참여했던 국가들 중 다수는 부모의 권한이 너무 급격하게 축소되는 것을 바라지 않았다. 어린이 개개인에게만 집중함으로써 가족의 의미가 퇴색되어서는 안 된다는 것이었다.

부모의 권리를 보장해주는 것은 여러 가지 면에서 아주 중요하다. 단적인 예로 이른바 '소종파에 빠진 어린이', 즉 어린 나이에 어떤 소종파의 선교에 말려든 어린이의 문제를 생각해 보자. 이런 경우에는 부모가 단호히 개입해서 결정적인 발언권을 행사하는 것이 무엇보다 중요하다.[55] 그러나 어린이가 종교적인 영역에서 경시되거나 종교적 동반의 기회를 얻지 못해서 문제가 될 수도 있다는 사실도 잊지 말아야 할 것이다.

지금까지 우리가 이 책을 통해 살펴본 내용을 바탕으로 어떤 것을 소망할 수 있을까? 가장 먼저 떠오르는 것은 어린이의 종교 권리가 교육의 권리로 인정되어 단순히 자유권의 수준에 머무는 것이 아니라, 이행 보증의 차원에서 이해되었으면 하는 것이다. 그렇게 되면 어린이의 종교 권리는 사회적 차원의 권리, 즉 우리가 살고 있는 사회를 향해 어린이에게 종교적 동반 및 종교적 교육의 가능성을 열어주자고 요구할 수 있는 권리가 된다. 이미 여러 차례 밝혔듯이 이때 국가가 가정에 개입해서는 안 된다. 국가는 가정을 지원해 줄 수 있을 뿐이다. 그것은 종교적인 관점에서도 마찬가지다. 또한 국가는 어린이를 위한 교육 기관—유치원, 탁아소, 학교 등—이 종교 교육의 임무를 진지하게 여길 수 있도록 노력을 기울일 수 있다.[56] 어린이의 종교 권리는 초등학교에 들어간 다음부터 시작되는 것은 아니다.(독일의 공립학교에서는 종교 수업이 의무다.) 아직 학교에 들어가지 않은 어린이에게도 종교적 동반의 권리가 있다.

우리 세기의 과제

우리는 이 책을 통해서, '어린이의 세기'가 되려는 소망을 안고 시작한 20세기가—물론 여러 가지 면에서 그 소망에 부응하지 못한 것도 사실이지만—적어도 어린이의 권리라는 관점에서는 분명한 발전을 이룬 것을 살펴보았다. 1989년의 어린이인권협약은 그 발전의 가시적 표현이다. 어린이는 점점 더 독자적인 법적 주체로 인정받고 있다.

하지만 어린이의 종교 권리를 교육의 권리로 보장하는 데까지는 아직(!) 이르지 못했다. 이 점에서는 어린이인권협약이 1924년 제네바선언에 명시된 기본 원칙, 즉 어린이가 '물질적으로나 영적으로' 발전할 수 있어야 하며 어린이의 모든 발달 영역에 법적인 보장이 있어야 한다는 원칙에서 오히려 한 걸음 후퇴한 셈이다.

그러므로 어린이의 종교 권리를 위해 노력하는 것은 21세기에도 우리의 지속적인 과제이다. 이 책이 어린이와 어린이 교육을 중요하게 여기는 모든 사람들에게 그 과제에 동참할 수 있는 용기를 북돋아줄 수 있기를 바란다. 어린이를 위해, 하지만 어른인 우리 자신을 위해서도 그것은 정말 가치 있는 일이다.

감사의 말

유치원과 초등학교에 근무하고 학부모 모임 등에 참여하면서 나는 수많은 학부모와 교사를 만나 대화할 수 있었다. 그 만남을 통해 신선한 자극을 받을 수 있었던 것을 감사하게 생각한다. 그들과의 대화가 없었다면 결코 이 책을 쓸 수 없었을 것이다. 튀빙엔 대학의 동료인 칼 에른스트 닙코, 알베르트 비징어, 군터 클로진스키와의 대화도 큰 도움이 되었다. 이 세 학자의 저서들이 비교적 이 책과 비슷한 견해를 피력하고 있음을 밝혀둔다.[1] 내 원고를 꼼꼼히 읽고 논평해 준 레기네 프뢰제와 클라우디아 슐렝커에게 감사의 뜻을 전한다. 끝으로 이 책과 밀접한 관련이 있는 나의 세 아이들, 미르얌, 파울, 에밀리에게 이 책을 바친다.

2000년, 프리드리히 슈바이처

옮긴이의 말

"황금보다 찬란한 것은 무엇인가?"
"빛이다."
"빛보다도 우리에게 생기를 불어넣어 주는 것은 무엇인가?"
"대화!"

– 요한 볼프강 폰 괴테, 《옛이야기 Das Märchen》(1795) 중에서

우리 안에는 진정한 대화에 대한 목마름이 있다. 잡념과 잡담에 지쳐 늘어진 마음과 몸을 시원하게 적셔주는 물처럼 맑은 대화에 대한 그리움이다. 종종 그런 대화를 나누며 살아갈 수 있다면 우리의 삶이 마냥 건조해지지는 않을 것이다. 그런 대화를 나눌 만한 사람이 주위에 있다면 가난할지언정 미소를 여의고 사는 일은 없을 것이다. 과연 어떤 사람과 그런 대화를 나눌 수 있을

까? 가까운 벗, 마음이 잘 통하는 선후배, 존경하는 스승, 배우자…… 대화가 가능할 것 같다고 여겨지는 사람들이다. 하지만 우리가 놓치고 있는 사람들이 있다. 이 책에서 소개하는 우리의 또 다른 대화 파트너, 바로 어린이들이다.

이 책은 어린이와 무슨 진정한 대화가 가능하겠냐고 예단하는 어른들 때문에 알게 모르게 고립되고 위축되고 불안한 어린이들에게 우리를 데려간다. 자기를 있는 그대로 인정하고 귀 기울여 줄 수 있는 어른과의 대화야말로 어린이에게 생기를 북돋아준다. 그 생기를 함께 느끼며 열린 대화를 지속하는 어른들에게도 전혀 예상치 못했던 깨달음과 공감의 샘이 터진다. 황금보다, 빛보다 대화라 하지 않는가.

자칫 대화는 어른들의 일방적인 가르침으로 흐르거나 어린이들의 악의 없는 변덕과 무질서 속에서 길을 잃고 말 때도 있다. 애써 서로 눈을 맞추고 마음을 열었지만, 대화는 피상적인 호의의 수준을 벗어나지 못할 수도 있다. 그런 식으로 대화가 지속되면 어른은 자기의 기존 견해를 의심해 보는 일도 없고, 어린이도 더 깊은 고민과 질문의 필요성을 느끼지 못하게 된다. 그래도 분위기는 그런대로 괜찮을 수 있다. 하지만 이 책은 그런 화기애애한 분위기를 야무지게 걷어내고, 당혹스러우면서 팽팽한 긴장감이 감도는 진지한 주제들을 어른과 어린이의 대화 주제로 내세운다. 어린이의 종교적 물음 앞에서 어른들도 오랫동안 소홀히 대해왔던 자신의 종교적 고민과 마주하게 된다는 것이 저자의 지론이다. 그렇게 되면 어린이와의 대화는 '나'와의 대화로 이어진다. '나'의 어린 시절과도 만나고, '나'의 조각난 꿈과 만나 대화할 수도 있을 것이다. 어쩌면 우리는 그런 대화를 통해 물질적 풍요나 출세의 영광 너머에 있는 세계를 맛볼 수 있지 않을까?

이 책의 원제는 《어린이의 종교 권리Das Recht des Kindes auf Religion》이다. 어린이에게 여러 가지 권리가 보장되어야 하는데, 그 가운데 하나가 종교의 권리라는 것이다. 어린이의 권리를 예민하게 의식하지 못하는 종교 교육은 그 자체로 폭력이며, 종교의 세계를 무시하고 폄하하는 어린이 권리 주장은 경제 중심적 가치관을 맹종하는 그릇된 교육 행태를 낳기 쉽다. 그래서 어린이의 권리와 어린이의 종교를 아우르며 함께 성찰하고 실천하는 노력이 필요하다. 이 책이 그 일에 기꺼이 동참하려는 사람들에게 사려 깊은 길 안내자가 될 것이라는 기대와 확신으로 즐겁게 번역을 마쳤다. 한국의 상황과는 많이 다른 독일의 상황이 전제되어 있는 부분들도 있지만, 그 다름이 오히려 오늘 우리의 상황을 더 넓은 맥락 속에서 보게 해줄 것이다.

2002년 튀빙엔에서 이 책을 처음 만나 단숨에 읽고 난 후부터 한국에 있는 독자들에게 빨리 소개하고 싶다는 생각을 늘 품어왔다. 그 벅찬 바람이 이 책의 저자를 선생님으로 모시고 공부했던 인연, 또 샨티와의 인연으로 이어져 이렇게 결실을 맺게 된 것은 생각할수록 고마운 일이다.

  나에게 이 책의 번역은 또 하나의 잊을 수 없는 만남을 기억하고 감사하는 즐거움을 주었다. 2002년 가을부터 2007년 가을까지 슈투트가르트 한인 교회에서 매주 나와 함께 배우고, 놀고, 싸우고, 노래하고, 기도했던 어린이들이 있다. 성경 이야기 앞에서 대화하며 더불어 배우는 기쁨을 알게 해준 나의 친구들이다. 이중 문화 속에서 자아를 형성해 나아가야 하는, 때로는 눈물 나게 힘겨운 현실과 부대끼면서도 자기만의 생각과 언어와 웃음과 믿음을 찾아가던 해맑은 그 어린이들과의 만남을 회상하면 이 책의 내용은 추상적인 설명이 아니라 구체적인 메시지이다. 나의 건조한 독백을 끝끝내 대화로 유도해내던 그 아이들의 얼굴을 사랑과 존경의 마음으로 떠올리며 감사의 기도를 올린다.

2008년 9월
손성현

들어가며

1. C.T. Scheilke/F. Schweitzer (Hg.), *Kinder brauchen Hoffnung. Religion im Alltag des Kindergartens* (Gütersloh/Lahr 1999).

첫 번째 이야기 : 어린이에게 종교가 필요한가

1. R. Valtin, *Mit den Augen der Kinder. Freundschaft, Geheimnisse, Lügen, Streit und Strafe* (Reinbeck 1991), S. 18, 20, 26.
2. F. Schleiermacher, *Über die Religion. Reden an die Gebildeten unter ihren Verächtern*, hg. v.R. Otto (Göttingen ^{6}1967), S. 111. 우리말 번역: 슐라이어마허 지음,《종교론: 종교를 멸시하는 교양인을 위한 강연》, 최신한 옮김 (대한기독교서회 2003), 134쪽.
3. '비밀'에 대한 신학적 논의에 대해서는 E. Jüngel, *Gott als Geheimnis der Welt* (Tübingen 1977).
4. E.H. Erikson, *Kindheit und Gesellschaft* (Stuttgart ^{4}1971).
5. C. Erricker u.a., *The Education of the Whole Child* (London 1997), S. 47f.
6. M. Fay, *Brauchen Kinder Religion? Wie Eltern die Frage nach dem Sinn des Lebens beantworten* (Hamburg 1994).
7. A. Biesinger, *Kinder nicht um Gott betrügen* (Freiburg 1994), S. 16.

8. D. Bobzin, *Das behalt ich mir. Begegnungen mit Kindern im Krankenhaus* (Hannover 1993), S. 23.
9. J.M. Hull, *Wie Kinder über Gott reden. Ein Ratgeber für Eltern und Erziehende* (Gütersloh 1997), S. 20f.
10. J. Oelkers, "Die Frage nach Gott. Über die natürliche Religion von Kindern"; V. Merz (Hg.); *Alter Gott für neue Kinder? Das traditionelle Gottesbild und die nachwachsende Generation* (Freiburg/Schweiz 1994), S. 15.
11. E. Key, *Das Jahrhundert des Kindes* (원저는 1900년 초판 발행), (Königstein 1978)
12. B. Bettelheim, *Kinder brauchen Märchen* (Stuttgart 1977); *Kinder brauchen Bücher*, Stuttgart 1982. 영어 원제는 각각 *The Uses of Enchantment, On Learning to Read*.
13. Deutsches Jugendinstitut (Hg.), *Was für Kinder. Aufwachsen in Deutschland*. Ein Handbuch (München 1993); M. Kellmer Pringle, *Was Kinder brauchen* (Stuttgart 1979).
14. M. Kellmer Pringle, *Was Kinder brauchen* (Stuttgart 1979), S. 20.
15. B. Bettelheim, *Kinder brauchen Märchen* (Stuttgart 1977), Zitate i. f. S. 9, 13f., 18, 29, 53. 우리말 번역: 브루노 베텔하임 지음, 《옛이야기의 매력》, 김옥순·주옥 옮김 (시공주니어, 2007), 13~14쪽. 이후의 인용문은 18~36, 87~89쪽 참조.
16. G.E. Schäfer, *Bildungsprozesse im Kindesalter. Selbstbildung, Erfahrung und Lernen in der frühen Kindheit* (Weinheim/München 1995); E.H. Erikson, *Identität und Lebenszyklus* (Frankfurt a.M. 1974).
17. E.H. Erikson, *Identity, Youth and Crisis* (New York 1968), S. 220: 우리말 번역: 에릭슨 지음, 《아이덴티티: 청년과 위기》, 조대경 옮김

(삼성출판사 1997), 381쪽. 신학의 영역에서는 W. Pannenberg, *Anthropologie in theologischer Perspektive* (Göttingen 1983), S. 185ff.

18. J. Korczak, *Wie man ein Kind lieben soll* (Göttingen ^{8}1983), S. 40, 44. 우리말 번역: 야누쉬 코르착 지음, 《어떻게 아이들을 사랑해야 하는가》, 송순재·안미현 옮김 (내일을 여는 책 2002), 77, 81-83쪽.

19. *Tod und Trauer im Umgang mit Kindern. Eine Handreichung für Eltern, im Auftrag des Ministeriums für Arbeit, Gesundheit und Soziales des Landes Nordrhein-Westfalen,* 1997, S. 22f., 35.

20. J. Schroeder u.a., *'Liebe Klasse, ich habe Krebs!' Pädagogische Begleitung lebensbedrohlich erkrankter Kinder und Jugendlicher* (Tübingen 1996), S. 53, 49.

21. A.-M. Rizzuto, *The Birth of the Living God* (Chicago/London 1979). 우리말 번역: 애너 마리아 리주토 지음, 《살아있는 신의 탄생》, 이재훈 외 옮김 (한국심리치료연구소 2000).

22. 도덕심리학과 도덕교육에 대한 연구로는 F. Oser·W. Althof, *Moralische Selbstbestimmung. Modelle der Entwicklung und Erziehung im Wertebereich*, (Stuttgart 1992); G. Adam/F. Schweitzer (Hg.), *Ethisch erziehen in der Schule* (Güttingen 1996), K.E. Nipkow, *Bildung in einer pluralen Welt. Bd. 1: Moralpädagogik im Pluralismus* (Gütersloh 1998).

23. H. Küng, *Projekt Weltethos* (München/Zürich 1990). 우리말 번역: 한스 큉 지음, 《세계윤리구상》, 안명옥 옮김 (분도출판사 2001).

24. G.E. Schäfer, *Bildungsprozesse im Kindesalter* (Weinheim/München 1995).

25. T. Moser, *Gottesvergiftung* (Frankfurt a.M. 1976).

26. F. Zorn, *Mars* (München ^{8}1977); J. Richter, *Himmel*, Hölle,

Fegefeuer (Reinbek 1985); M. Schaefer, *Weil ich beim Beten lügen musste. Rekonstruktion einer verlorenen Kindheit* (Stuttgart 1992), D. Scherf (Hg.), *Der liebe Gott sieht alles. Erfahrungen mit religiöser Sozialisation* (Frankfurt a.M. 1984).

27. G. Klosinski (Hg.), *Religion als Chance oder Risiko. Entwicklungsfördernde und entwicklungshemmende Aspekte religiöser Aspekte religiöser Erziehung* (Bern u.a. 1994).

28. P. Büchner, "Vom Befehlen und Gehorchen zum Verhandeln. Entwicklungstendenzen von Verhaltensstandards und Umgangsnormen seit 1945.": U. Preuss-Lausitz u.a.: *Kriegskinder, Konsumkinder, Krisenkinder. Zur Sozialisationsgeschichte seit dem Zweiten Krieg* (Weinheim/Basel 1983), S. 196-212.

29. F. Schweitzer, *Lebensgeschichte und Religion. Religiöse Entwicklung und Erziehung im Kindes-und Jugendalter* (Gütersloh 1999). 우리말 번역: 프리트리히 슈바이처 지음,《삶의 이야기와 종교》, 송순재 옮김 (한국신학연구소 2002)

30. M.-S. Honig, *Entwurf einer Theorie der Kindheit* (Frankfurt a.M. 1999), S. 70.

31. D.N. Stern, *Tagebuch eines Babys* (München/Zürich 1993), 146, 151ff.

32. I. Baldermann, *Gottes Reich Hoffnung für Kinder. Entdeckungen mit Kindern in den Evangelien* (Neukirchen-Vluyn 1991), ders.; *Wer hört mein Weinen? Kinder entdecken sich selbst in den Psalmen* (Neukirchen-Vluyn 1986).

33. R. Fatke (Hg.), *Was macht ihr für Geschichten? Ausdrucksformen des Kinder-Lebens* (München 1994), S. 22.

34. D.W. Winnicott, *Vom Spiel zur Kreativität* (Stuttgart 21979).

35. F. Schweitzer, *Lebensgeschichte und Religion. Religiöse Entwicklung und Erziehung im Kindes-und Jugendalter* (Gütersloh 1999). 우리말 번역: 프리트리히 슈바이처 지음,《삶의 이야기와 종교》, 송순재 옮김, (한국신학연구소 2002)
36. Endbericht der Enquete-Kommission "Sogenannte Sekten und Psychogruppen" (Deutscher Bundestag 13. Wahlperiode, Drucksache 13/10950 vom 9.6.1998), S. 81. 이 연구위원회의 자기이해에 대한 부분도 읽어봄직하다. "위원회의 과제는 신흥 종교 단체, 이데올로기 단체, 사이코 집단에서 나타나는 문제와 갈등 요소를 분석하고 해법을 찾는 것이지, 신앙의 내용을 따져보는 것은 아니다. 이러한 과제 설정은 한편으로는 기본법에 보장된 종교 및 고백의 자유에 상응하며, 국가적 차원에서는 종교나 세계관의 문제에 있어 중립을 지킨다는 원칙과도 통하는 것이다. 다른 한편, 위원회는 개인의 권리가 침해되지 않도록 개인을 보호하고 사회를 보호한다는 과제를 국가로부터 위임받았다" (S. 13).
37. K.-H. Eimuth, *Die Sekten-Kinder* (Freiburg u.a. 1996).
38. 이와 같은 종교 교육의 왜곡된 형태에 대해서는 G. Klosinski, *Psychokulte. Was Sekten für Jugendliche so attraktiv macht* (München 1996), S. 73ff.
39. H.-R. Weber, *Jesus und die Kinder* (Hamburg 1980), P. Müller, *In der Mitte der Gemeinde. Kinder im Neuen Testament* (Neukirchen-Vluyn 1992).

두 번째 이야기 : 어른으로서 느끼는 어려움

1. R. Schuster (Hg.), *Was sie glauben. Texte von Jugendlichen* (Stuttgart 1984), S. 9.
2. T. Moser, *Gottesvergiftung* (Frankfurt a.M. 1976); F. Zorn, *Mars* (München ^{8}1977); J. Richter, *Himmel, Hölle, Fegefeuer. Versuch einer Befreiung* (Reinbek 1985); D. Scherf (Hg.), *Der liebe Gott sieht alles. Erfahrungen mit religiöser Sozialisation* (Frankfurt a.M. 1984); H. Mynarek, *Religiös ohne Gott? Neue Religiosität der Gegenwart in Selbstzeugnissen* (Düsseldorf 1983).
3. K. Frielingsdorf, *Dämonische Gottesbilder* (Mainz 1992), S. 142, 152.
4. B. Grom, *Religionspsychologie* (München/Göttingen 1992); G. Klosinski (Hg.), *Religion als Chance oder Risiko. Entwicklungsfördernde und entwicklungshemmende Aspekte religiöser Erziehung* (Bern u.a. 1994).
5. P. Büchner, "Vom Befehlen und Gehorchen zum Verhandeln. Entwicklungstendenzen von Verhaltensstandards und Umgangsnormen seit 1945": U. Preuss-Lausitz u.a.: *Kriegskinder Konsumkinder Krisenkinder.* Zur Sozialisationsgeschichte seit dem Zweiten Weltkrieg (Weinheim/Basel 1983), S. 196-212; H. Fend, *Sozialgeschichte des Aufwachsens* (Frankfurt a.M. 1988).
6. H. Hanisch, *Die zeichnerische Entwicklung des Gottesbildes bei Kindern und Jugendlichen* (Stuttgart/Leipzig 1996), S. 96.
7. R. Schuster, *Was sie glauben. Texte von Jugendlichen* (Stuttgart 1984), S. 12.
8. M. Fay, *Brauchen Kinder Religion? Wie Eltern die Fragen nach dem Sinn des Lebens beantworten* (Hamburg 1994), S. 22f.

9. Schweizerisches Pastoralsoziologisches Institut (Hg.), *Religiöse Lebenswelt junger Eltern* (Zürich 1989), 142f.
10. Schweizerisches Pastoralsoziologisches Institut (Hg.), *Junge Eltern reden Über Religion und Kirche* (Zürich 1986), S. 26.
11. J. Hanselmann u.a. (Hg.), *Was wird aus der Kirche? Ergebnisse der Zweiten EKD-Umfrage Über Kirchenmitgliedschaft* (Gütersloh 1984), Zitate i.f. S. 192
12. Studien- und Planungsgruppe der EKD (Hg.), *Quellen religiöser Selbst- und Weltdeutung. Die themenorientierten Erzählinterviews der dritten EKD-Erhebung Über Kirchenmitgliedschaft. Bd. I: Dokumentation* (Hannover 1998).
13. Ebd., S. 81.
14. J.-J. Rousseau, *Emil oder Über die Erziehung* (Paderborn u.a. 51981), S. 270. 우리말 번역: 루소 지음,《에밀》, 정병희 옮김 (동서문화사 2007), 357쪽.
15. F. Schleiermacher, *Über die Religion. Reden an die Gebildeten unter ihren Verächtern* (Güttingen [6]1967), S. 108. 우리말 번역: 슐라이어마허 지음,《종교론》, 최신한 옮김 (기독교서회 2003), 130쪽.
16. W. Lück/F. Schweitzer, *Religiöse Bildung Erwachsener. Grundlagen und Impulse für die Praxis* (Stuttgart u.a. 1999).
17. F. Schweitzer, *Lebensgeschichte und Religion. Religiöse Entwicklung und Erziehung im Kindes- und Jugendalter* (Gütersloh 41999). 우리말 번역: 프리트리히 슈바이처 지음,《삶의 이야기와 종교》, 송순재 옮김 (한국신학연구소 2002), W. Sparn (Hg.), *Wer schreibt meine Lebensgeschichte?* (Gütersloh 1990).
18. K. Rahner, *Grundkurs des Glaubens* (Freiburg u.a. 1976), S. 35. 우리말 번역: 칼 라너 지음,《그리스도교 신앙 입문》, 이봉우 옮김 (분도

출판사 1994), 43쪽
19. G. Ebeling, "Die Klage Über das Erfahrungsdefizit in der Theologie als Frage nach ihrer Sache": ders.: *Wort und Glaube*. Bd. 3, (Tübingen 1975), S. 25; E. Jüngel, *Unterwegs zur Sache* (München 1972), S. 8.

세 번째 이야기 : 어린이와 함께 경험하고 고민하는 삶

1. F. Schweitzer/G. Faust-Siehl (Hg.), *Religion in der Grundschule. Religiöse und moralische Erziehung* (Frankfurt/M. ^{3}2000).
2. C.T. Scheilke/F. Schweitzer (Hg.), *Kinder brauchen Hoffnung. Religion im Alltag des Kindergartens. Bd. 1: Mit Geheimnissen leben* (Gütersloh/Laar 1999).
3. J. Korczak, *Das Recht des Kindes auf Achtung* (Güttingen ^{3}1979), Zitate i.f. S. 7, 25f., 29.
4. 특히 19세기가 그랬다. F. Schweitzer, *Die Religion des Kindes. Zur Problemgeschichte einer religionspädagogischen Grundfrage* (Gütersloh 1992), S. 242.
5. 1952년 3월 20일 '인간의 권리와 기본적 자유 보장 협정' 추가 기록문. Grundgesetz mit Deutschlandvertrag, Grundvertrag, Menschenrechts-Konvention usw. Textausgabe G. Dürig, München ^{23}1987, S. 116.
6. H.-L. Freese, *Kinder sind Philosophen* (Berlin 1989), Zitate i.f. S. 22,16.
7. E. Zoller, *Die kleinen Philosophen. Vom Umgang mit "schwierigen" Kinderfragen* (Freiburg u.a. 1995), S. 10.

8. 위의 책, S. 102.
9. 위의 책, S. 104.
10. 이 문제에 관해서는 F. Oser/P. Gmünder, *Der Mensch Stufen seiner religiösen Entwicklung. Ein strukturgenetischer Ansatz* (Zürich/Köln 1984). 어린이의 물음에 신학적인 것과 철학적인 것이 뒤엉켜있음에 대해서 독일의 종교 교육학자 닙코K.E. Nipkow와 철학자 프레제H.-L. Freese가 대담한 내용은 TPS Extra 27 (1997), S. 26ff 참조. 어린이 신학에 대한 최근 논의로는 Fritz Oser, Anton Bucher, Gerhard Büttner/Hartmut Rupp, Rainer Oberthür. 그리스도 이해의 관점에서 어린이 신학을 전개한 사례로는 Band: *Jesus Christus in Lebenswelt und Religionspädagogik* (Jahrbuch der Religionspädagogik Bd. 15), Neukirchen-Vluyn 1999.
11. J. Oelkers, "Die Frage nach Gott. Über die natürliche Religion von Kindern"; V. Merz (Hg.), *Alter Gott für neue Kinder? Das traditionelle Gottesbild und die nachwachsende Generation* (Freiburg/Schweiz 1994), S. 13-22, Zitate i.f. S. 13, 15, 19f.
12. E. Robinson, *The Original Vision. A Study of the Religious Experience of Childhood* (New York 1983).
13. J.M. Hull, Wie Kinder *Über Gott redden. Ein Ratgeber für Eltern und Erziehende* (Gütersloh 1997), Zitate i.f. S. 40f.
14. 이런 질문 앞에서 자기 스스로 아는 게 별로 없다고 느끼는 부모와 교사를 위해 도움이 될 만한 책으로는 R. Degen/I. Hansen (Hg.), *Lernort Kirchenraum* (Münster u.a. 1998).
15. E. Netter, "Imagine..." : *Jahrbuch der Religionspädagogik 13* (1997), S. 187-192.
16. W. Sanders/K. Wegenast (Hg.), *Erzählen für Kinder Erzählen von Gott. Begegnung zwischen Sprachwissenschaft und Theologie*

(Stuttgart u.a. 1983), G. Baudler, *Kindern heute Gott erschließen. Theorie und Praxis einer Evangelisation durch Erzählen* (Paderborn u.a. 1986); R. Tschirch, *Biblische Geschichten erzählen* (Stuttgart u.a. 1997).

17. R. Fatke (Hg.), *Was macht ihr für Geschichten? Ausdrucksformen des Kinder-Lebens* (München 1997), S. 22.
18. J.W. Berryman, *Godly Play. A Way of Religious Education* (San Francisco 1991).
19. E. Key, *Das Jahrhundert des Kindes* (원저는 1900년 초판 발행), (Königstein 1978), S. 135.
20. I. Baldermann, *Wer hört mein Weinen? Kinder entdecken sich selbst in den Psalmen* (Neukirchen-Vluyn 1986); R. Oberthür, Kinder fragen nach Leid und Gott (München 1998).
21. K./P. Wegenast, "Biblische Geschichten dürfen auch "unrichtig" verstanden werden. Zum Erzählen und Verstehen neutestamentlicher Erzählungen"; D. Bell u.a. (Hg.), *Menschen suchen Zugänge finden. Auf dem Weg zu einem religionspädagogisch verantworteten Umgang mit der Bibel. Festschrift für Christine Reents* (Wuppertal 1999), S. 246-263.
22. A.A. Bucher, "Eine bloße Geschichte oder ein Gleichnis?" : *Der Ev. Erzieher 41* (1989), S. 429-439.
23. F. Schweitzer/K.E. Nipkow/G. Faust-Siehl/B. Krupka, *Religionsunterricht und Entwicklungspsychologie. Elementarisierung in der Praxis* (Gütersloh ²1997), S. 15ff.
24. D. Bobzin, *Das behalt ich mir. Begegnungen mit Kindern im Krankenhaus* (Hannover 1993), S. 68.
25. Wuppertal/Kassel 1995.

26. Gießen 1994.
27. R. Oberthür, *Die Seele ist eine Sonne. Was Kinder über Gott und die Welt wissen* (München 2000), S. 124.
28. M. Schaefer, *Weil ich beim Beten lügen musste. Rekonstruktion einer verlorenen Kindheit* (Stuttgart 1992), Zitate i.f.S. 5, 49.
29. M. Ebertz, "Heilige Familie? Die Herausbildung einer anderen Familienreligiosität"; Deutsches Jugendinstitut (Hg.), *Wie geht's der Familie? Ein Handbuch zur Situation der Familie heute* (München 1988), S. 403-414; U. Schwab, *Familienreligiosität* (Stuttgart u.a. 1995).
30. Shell-Jugendstudien: W. Fuchs, "Konfessionelle Milieus und Religiosität" : *Jugendliche und Erwachsene '85*. Bd. 1, hg. Jugendwerk der Dt. Shell, Leverkusen 1985, S. 265-304; J. Eiben: "Kirche und Religion Säkularisierung als sozialistisches Erbe?" : *Jugend '92*. Bd. 2, hg. Jugendwerk der Dt. Shell, Opladen 1992, S. 91-104.
31. G. Faust-Siehl u.a., *Mit Kindern Stille entdecken* (Frankfurt/M. ³1992).
32. E.H. Erikson, *Kinderspiel und politische Phantasie. Stufen in der Ritualisierung der Realität* (Frankfurt/M. 1978), G. Klosinski (Hg.), *Pubertätsriten*, (Bern u.a. 1991).
33. Vgl. C.T. Scheilke/F. Schweitzer (Hg.), *Kinder brauchen Hoffnung. Religion im Alltag des Kindergartens. Bd. 1: Mit Geheimnissen leben* (Gütersloh/Lahr 1999), S. 59ff.
34. K. Tamminen, *Religiöse Entwicklung in Kindheit und Jugend* (Frankfurt/M. u.a. 1993), S. 223ff ; F. Oser/A. Bucher, "Wie beten Kinder und Jugendliche Entwicklungsstufen und Lernhilfen":

Lebendige Katechese 7 (1985), S. 163ff.

35. 대표적인 책 세 권만 소개하자면 우선 F. Johannsen (Hg.), *Wir freuen uns auf diesen Tag. Kindergebete* (Gütersloh 1984). 이 책은 단순한 기도 모음집으로서 별다른 해설을 붙이지 않았다. H. und J. Zink, *Wie Sonne und Mond einander rufen. Gespräche und Gebete mit Kindern* (Stuttgart 1980). 이 책에는 어른을 위한 명상이 많이 실려 있고, 어린이와 대화하고 함께 기도하는 데 도움이 되는 조언들도 있다. R. Schindler, *Was Kinder von Gott erwarten. Gebetstexte von Kindern und was sie uns damit sagen wollen* (Lahr 1993); 안타깝게도 여기 소개된 텍스트들은 대부분 학교의 종교 수업 시간을 통해 나온 기도문들이다.

36. R. Schindler, *Erziehen zur Hoffnung. Ein Elternbuch zur religiösen Erziehung* (Zürich/Lahr ³1986), S. 44

37. I. Baldermann, *Die Bibel – Buch des Lernens* (Göttingen 1980).

38. C. Bizer, *"Liturgie und Didaktik"* : *Jahrbuch der Religionspädagogik* 5 (1989), S. 83-111.

39. R. Degen/I. Hansen, *Lernort Kirchenraum* (Münster u.a. 1998); T. Klie (Hg.), *Der Religion Raum geben – Kirchenpädagogik und religiöses Lernen* (Münster 1998); M.L. Goecke-Seischab/J. Ohlemacher, *Kirchen erkunden, Kirchen erschließen* (Lahr 1998).

40. Synode der EKD, *Aufwachsen in schwieriger Zeit Kinder in Gemeinde und Gesellschaft*, hg. v. Kirchenamt der EKD (Gütersloh 1995), S. 59.

41. F. Schweitzer, *Die Suche nach eigenem Glauben. Einführung in die Religionspädagogik des Jugendalters* (Gütersloh ²1998), S. 164ff.

42. *Gemeinde.. Oase für Kinder. Von den Chancen der Arbeit mit*

Kindern in der Gemeinde. Eine Arbeitshilfe, vorgelegt vom Ausschuß "Arbeit mit Kindern in der Ev. Kirche im Rheinland" (Düsseldorf 1994).

43. H. Schröer, "Möglichkeiten eines kinderfreundlichen Gemeindeaufbaus": ebd., S. 75.
44. U. Becker, "Das Kind in der Mitte. Systematische und sozialethische Überlegugnen": *Bildung und Kirche*. Herausforderungen des gesellschaftlichen Wandels für das pädagogische Handeln der Kirche, Comenius-Institut: Münster 1985, S. 103.
45. Ev. Landeskirche in Baden (Hg.), *Abendmahl feiern mit Kindern.* (Eine Arbeitshilfe 1995); G. Ottmar (Hg.), *Mit Kindern Taufe und Abendmahl feiern* (Gütersloh 1998); J. Blohm, *Abendmahl feiern mit Kindern* (München 1998).
46. M. Welker, *Was geht vor beim Abendmahl?* (Stuttgart 1999), S. 152ff.
47. E. Key, *Das Jahrhundert des Kindes* (Königstein 1978).
48. 위의 책, S. 50ff.
49. 위의 책, S. 20, 17.
50. U. Carle, "5 Jahre Rechte der Kinder Was haben drei Generationen aus den Forderungen der Zwanzigjahre gemacht?": dies.: A. Kaiser (Hg.), *Rechte der Kinder* (Hohengehren 1998), S. 12-23, 14.
51. J. Korczak, *Wie man ein Kind lieben soll* (Göttingen ^{8}1983), S. 40. 우리말 번역: 야누쉬 코르착 지음,《아이들을 어떻게 사랑해야 하는가》, 송순재 · 안미현 옮김 (내일을 여는 책 2002), 77쪽. 바로 앞에 있는 인용문은 J. Korczak, *Das Recht des Kindes auf Achtung* (Göttingen ^{3}1979), S. 7, 10.
52. G. Dorsch, *Die Konvention der Vereinten Nationen über die Rechte*

des Kindes (Berlin 1994).
53. U. Carle/A. Kaiser G. Dorsch C. Steindorff (Hg.), Vom *Kindeswohl zu den Kindesrechten* (Berlin/Neuwied u.a. 1994); M. Hugoth, "Kinderrechte und ihre Relevanz für die Politik und Arbeit mit und für Kinder in Deutschland": *caritas* '98, S. 65-73; M. Rauch-Kallat/J.W. Pichler (Hg.), *Entwicklungen in den Rechten der Kinder im Hinblick auf das UN-übereinkommen über die Rechte des Kindes* (Wien u.a. 1994).
54. G. Dorsch, *Die Konvention der Vereinten Nationen über die Rechte des Kindes* (Berlin 1994), S. 127ff.
55. K.-H. Eimuth, *Die Sekten-Kinder* (Freiburg u.a. 1996).
56. C.T. Scheilke/F. Schweitzer (Hg.), *Kinder brauchen Hoffnung. Religion im Alltag des Kindergartens. Bd. 1: Mit Geheimnissen leben* (Gütersloh/Lahr 1999); F. Schweitzer/G. Faust-Siehl (Hg.), Religion in der Grundschule. *Religiöse und moralische Erziehung* (Frankfurt/M. 32000).

감사의 말

1. K.E. Nipkow, *Erwachsenwerden ohne Gott? Gotteserfahrung im Lebenslauf* (München 1987); A. Biesinger, *Kinder nicht um Gott betrügen. Anstiftungen für Mütter und Väter* (Freiburg 1994); G. Klonsinski (Hg.), *Religion als Chance oder Risiko. Entwicklungsfördernde und entwicklungshemmende Aspekte religiöser Erziehung* (Bern u.a. 1994).

샨티의 뿌리회원이 되어
'몸과 마음과 영혼의 평화를 위한 책'을 만들고 나누는 데
함께해 주신 분들께 깊이 감사드립니다.

개인

이슬, 이원태, 최은숙, 노을이, 김인식, 은비, 여랑, 윤석희, 하성주, 김명중, 산나무, 일부, 박은미, 정진용, 최미희, 최종규, 박태웅, 송숙희, 황안나, 최경실, 유재원, 홍윤경, 서화범, 이주영, 오수익, 문경보, 여희숙, 조성환, 김영란, 풀꽃, 백수영, 황지숙, 박재신, 염진섭, 이현주, 이재길, 이춘복, 장완, 한명숙, 이세훈, 이종기, 현재연, 문소영, 유귀자, 윤홍용, 김종휘, 보리, 문수경, 전장호, 이진, 최애영, 김진희, 백예인, 이강선, 박진규, 이욱현, 최훈동, 이상운, 김진선, 심재한, 안필현, 육성철, 신용우, 곽지희, 전수영, 기숙희, 김명철, 장미경, 정정희, 변승식, 주중식, 이삼기, 홍성관, 이동현, 김혜영, 김진이, 추경희, 해다운, 서곤, 강서진, 이조완, 조영희, 이다겸, 이미경, 김우, 조금자, 김승한, 주승동, 김옥남, 다사, 이영희, 이기주, 오선희, 김아름, 명혜진, 장애리, 신우정, 제갈윤혜, 최정순, 문선희

단체/기업

(주)김정문알로에   한경재단   design Vita   PN풍년
(사)한국가족상담협회·한국가족상담센터   생각과느낌 소아청소년 성인 몸 마음 클리닉
경일신경과 | 내과의원   순수피부과   월간 풍경소리   FUERZA

이메일로 이름과 전화번호, 주소를 보내주시면 샨티의 신간과 각종 행사 안내를 이메일로 받아보실 수 있습니다.

전화 : 02-3143-6360   팩스 : 02-6455-6367
이메일 : shantibooks@naver.com